世界は舞台

江川淑夫小伝

All The World's a Stage:
Life and Work of Toshio Egawa

岩間優希

風媒社

はじめに

本書は、実業家として知られる江川淑夫の小伝である。江川は、長年に渡り産業界で活躍し、高度成長期にその海外展開を率いた人物である。一方、貴重な美術品の蒐集家としても知られており、コレクションはこれまでに世界各地の美術館や図書館に寄贈されてきた。

本書は、江川の経歴のうち、ミネベアやコニカでの仕事、そして夫妻の美術品蒐集などに焦点を当てている。執筆にあたっては、関連書籍や記事、手紙を資料として用いた他、知人や元部下の方々にもインタヴューをすることができた。ご協力くださった方々に感謝したい。

今回は限られた項目に焦点を当てたが、様々な実業家や各国の要人、駐日大使（アイルランド、フィンランド、ギリシャ、シンガポール、エジプトなど）との付き合い、そして武道のつながりも江川の人生の中で重要なテーマである。これらについても、引き続きまとめていきたいと考えている。

改めて、江川氏には心からお礼申し上げます。また、英訳部分は娘の亜子氏に翻訳をしていただいた。こちらもあわせて感謝いたします。

目次

第3章 コニカ時代

第1章
少年時代から明治学院大学卒業まで

1．生い立ち

江川淑夫は一九三五年一一月四日、当時の東京市杉並区で父・活雄と母・月子の長男として生まれた。父は日本光学（現・ニコン）や八洲《やしま》光学で顕微鏡、双眼鏡等をつくったエンジニアで、講道館柔道の四段である。江川自身も柔道と剣道をたしなみ、早朝から冷水浴と剣振を日課とするなど、武家の気風にあふれる家で育った。一九四四年頃には空襲を避けて新潟県の山奥に、その後は八洲光学の工場があった福島県伊達郡梁川町に疎開する。梁川中学校時代には、ドイツ語、製図、工作等の個人指導を受けた。

一九四五年、終戦とともに一時東京へと帰るが、焼野原と化した状態では生活も難しく、再び疎開先に戻ることになった。ようやく東京に落ち着いたのは一九五〇年頃である。この頃日本はＧＨＱの占領下にあり、街には進駐軍兵士の姿があちらこちらで見られた。

「特に際立ったことはありませんよ。私たちの世代は戦争中だから、空襲と疎開で終わったようなものですよね」

江川は自身の少年時代を振り返る。確かに、この時代に生まれ育った世代に話を聞くと、生活は戦争の中にあり、体験の多くは共通するものである。

とはいえ、際立った独立心は子どものころから垣間見えていたようだ。人に命令されたり管理されたりするのが嫌いで、学校も大嫌い。近所の幼稚園は全て二、三日で辞めてしまった。小学校（国民学校）では、初日に教員から「君たちは軍国の少国民だ」と言われ、江川が「軍国の少国民って何ですか？」と聞くと怒られたという。そのあと、「何でも聞いていいぞ」というので、「先生、毎日学校に来ないといけませんか？」と聞いたら、また怒られたそうだ。

「昔から命令されるのが嫌い。好きなことしかしない。勉強するのが嫌い。その代わり、出たとこ勝負だから、どこの国へ行って誰に会っても、あんまり違和感なかった。わがままな人生なんでしょうね」

「勉強をするのが嫌い」というのは、江川の「勉強家」というイメージとは異なるものである。しかし、好きなことや熱中していることについて学ぶことは、学校で強制されて学ぶとは別のものなのだろう。

また、当時から美しいものが好きで、花や木を長時間じっと見ていては大人たちを驚かせた。美しいもの好きは、母方の血筋の影響だろうと江川は語る。この傾向は、後年の様々な美術品コレクションの源の一つになっている。

一方、将来は父と同じようにエンジニアになるのかと漠然と考えてもいた。父の書斎など、家中の本棚には技術系の本ばかり並んでいたのだ。そのうち、町にいる進駐軍の兵士を見て、英語ができた方がいいのかと考えるようになり、一九五二年四月、英語教育の充実した明治学院高校に入学。ちょうど同じ月の二八日、サンフランシスコ講和条約が発効し、日本の主権が回復するとともにGHQが廃止された。英語を身につけ、広く海外へ飛び出して働きたいという思いはすでに萌芽していた。

2. 明治学院高校・明治学院大学

明治学院は、一八六三年に横浜外国人居留地でアメリカ長老教会派遣の宣教師で医師のジェームス・カーティス・ヘボン博士と、妻クララが開設した英学塾「ヘボン塾」をその起源とする。管理を嫌い、自由を好む江川にはうってつけの校風だった。

教員には外国人や欧米留学経験のある日本人が多く、国際的な雰囲気の中で自主性と自律性が重んじられていた。学生に固定した形式を押し付ける教育ではなく、自由かつ国際的な環境だったからこそ、のびのびとした高校時代を送ることができたといえる。また、キリスト教への理解も進み、この知識と感覚が後年、アメリカおよびヨーロッパに駐在する中で大いに役に立つこととなる。

江川と高校時代の同期生で、その後も長く親交を持つ東洋英和女学院大学名誉教授の陶山義雄は、高校時代の江川について次のように回顧する。

「担任の小池正二先生が五〇名近くいるクラスの一人一人に自己紹介を求めた際に、江川君の挨拶と言葉が誰よりも立派で、その人柄に惹かれました」

クラスの半数近くが明治学院中学からエスカレーター式に上がってきた生徒という中で、江川のしっかりとした物言いが印象的であったという。

また陶山は、思い出深い授業として、山本弥一郎による英語クラスを挙げる。英語の授業でありながらいつも日本語との比較を怠らず、「英語を学ぶのは日本語のためである」という主張を貫いていた。厳しい指導の中にもユーモアがあり、笑顔を絶やさず、板書の際には英文を縦に書く特技を持ち、生徒は戸惑いながらも真剣に解読するのだった。内容はほとんどが質問形式の授業であり、指名されたり、先着順で返答ができたりした生徒から順次、教室を離れて図書館などでの自習を許されたのだが、江川はほとんどいつも、いち早く退席できる優等生であった。

江川が高校を卒業したのは一九五五年である。終戦から一〇年が経っていた。政府の『経済白書』に「もはや戦後ではない」という言葉が書かれ流行語になるのが翌一九五六年のことである。高校卒業後は同じキャンパス内にある明治学院大学にそのまま進み、経済学部で学んだ。大学では学部の授業の他に空手部でも活動する。後に妻となる金田英子と出会うのも、大学でのことである。

3. PANA通信社での仕事

ここで着目したいのが、江川はジャーナリストとして働いていた経験があるということである。明治学院大学在学中に、PANA通信社の夜間シフトで記者や編集の仕事をしていたのである。

PANAとは、「Pan-Asia Newspaper Alliance」の略で、中国系アメリカ人の宋徳和(Norman Soong)が一九四九年に香港で創設した通信社である。アジア諸国では「Pan-Asia

News Agency」と名乗っている場合もある。実質的な本社をGHQ占領下の東京に置き、支局はシンガポール、タイ、ラオス、インドネシア、フィリピン、台湾、インドなどの現地ジャーナリストによって運営されていた。「アジアの、アジア人による、アジアのための通信社」を社是とし、欧米メディアか共産主義者かどちらかからの情報しかなかったアジアで、真に必要なのはアジア人のための報道機関であるとの思いから創設された。

江川がＰＡＮＡで働くようになったのは、明治学院大学の教員に声をかけられたことがきっかけであった。ＰＡＮＡの編集者グロリア鈴木栄子が、明治学院の英語講師をしていた妹・和子に人材探しの依頼をし、和子が松本亨教授に相談したところ、江川に話が伝わったということである。ちなみに松本は、ＮＨＫラジオ「英会話」の講師を二一年間務めた名物講師として有名である。

ＰＡＮＡのオフィスは有楽町の朝日新聞社ビルの六階にあった。当時、アメリカの三大通信社のうち、ＡＰが朝日新聞社、ＵＰが毎日新聞社、ＩＮＳが読売新聞社の各本社内に支局を置いていて、さらに朝日のビル六階にNANA通信、ニューヨーク・タイムズ、ロンドン・タイムズなどの支局があり、そこは「外電横丁」と呼ばれていた。こうした国際色豊かな仕事環境が、江川の国際感覚に影響を及ぼしたことは想像に難くない。

著書『上に立つ者の条件』（ダイヤモンド社、二〇〇一年）の中で江川は、「大学生の時代に入ると、外国系通信社での仕事を夜勤で併行した。日本が占領後遺症で矮小化して自閉的であっただけに、毎日の国際的な刺激は自由で大きな世界への接続を実感させた」と記している。

敗戦直後、ＰＡＮＡは戦勝国のメディアなので、何かと有利な立場にあった。例えば、各種取材を日本のメディアが行う場合は手続きが必要であったのに対して、外国メディアならＩＤカードがあればどこでも行くことができた。

松本教授から話を聞いた江川は面接を受けて採用され、一九五六年から働くことになった。江川のシフトは平日の夜間と週末・祝日で、木曜日は休みである。状況次第で追加の勤務をした。仕事内容としては、取材、原稿作成、写真のキャプション付けを含めた編集補助を主とし、担当分野は国際、政治、経済、外交及び各種イベントであった。数カ月ほどアルバイトとしての試用期間を経て、正規のスタッフとして採用された。朝日の記者扱いだったため、風呂と食事が付くこともメリットだった。

ＰＡＮＡの業務内容は時期によっても違いがあるが、日本語、英語、中国語のニュースを配信・販売し、加えて写真が提供された。写真報道を重視していたことはＰＡＮＡの特色である。東京ではAP、UP、INSは写真部門を持っていたものの、他の海外報道機関は共同通信から写真を購入するか、契約カメラマンを使っていた。その中でPANAは、大手通信社と競争できるほどの写真部門を整備していたのである。また国内メディアに向けても、通常では手に入りにくい国外の写真を、アジア各地のネットワークを通じて入手し提供していた。

ただ、これらはいずれも五〇年代に戦勝国のメディアとして優遇され、国内メディアとの格差があってこそ成り立っていた部分が大きい。そのため日本が主権を取り戻して国内メディアが自前で取材をできるようになると、PANAの必要性は減じていった。それでもまだ日本のメディアが海外特派員を送れなかった時代にPANAの海外写真は重宝されたが、一九六〇年代に入り、各社が自前で特派員を送れるようになると、ますます苦しくなっていった。そしてアジアに展開するPANAは各国の現地法人として再出発し、紆余曲折を経て、日本のPANAは時事通信社の傘下に入り今に至るのである。このあたりの歴史は拙著『PANA通信社と戦後日本』（人文書院、二〇一七年）で詳しく紹介している。

そうしたことを江川は、すでに五〇年代に鋭い感覚で見抜いていたと言える。江川は当初、大学卒業後は国際ジャーナリストとしてキャリアを築いていこうと考えていた。実際、海外駐在員としての打診も複数からあり、当時のＩＮＳ東京支局長だったマーヴィン・ストーンとは何回か面談をしたこともある。だが、結局その道には進まなかった。というのは、多くのジャーナリストたちと接するうちに、メディア媒体という中間的な位置で働くことに疑問を感じ始めたのである。

江川の性格は、自立心が強く、独立志向であった。加えて、当時の日本の不安定な世相と雇用状況を考えるならば、独立して仕事をしていくことは必然であった。しかし、江川の見るところジャーナリストという職には自由がなく、広告主、新聞社、出版社、その他の記事購入者や、政官財等の有力者たちに迎合しなければやっていけそうもなかった。また、仮に自由があり収入基盤が独立していても、あくまでも「中継」であって、受信者の気分と能力次第でいつでも空転してしまう。そして今一つの理由は、ジャーナリスト全般に共通する尊大な傾向への反感であった。

以上のような次第で、江川はジャーナリストになる道は選択しなかった。そうして、事業家、それも国際的な舞台で行う事業への関心を強く持ち始めたのである。貿易業での自立を目指し、その準備を開始した。

4. 大学卒業後

一九五九年に大学を卒業し、事業家としてやっていくことを決めた江川は、実務を国際レベルで経験するため外資系企業で働き、修業しようと考えた。実務とは、「抽象論ではなく、組織ピラミッドの最低位の労務荷役、倉庫、梱包、保険交渉等から始めて、真に労働実務の全般を体験すること」であったと語る。

そこで、最初に働いたのはガーバー・ゴールドシュミット・グループだった。同グループは、ベルリン、ケープタウン、ロンドン等に拠点を持つ有力な金融・貿易のユダヤ組織であり、まさに絶好の環境である。そこで多くを学ぶとともに人脈も形成し、将来の役員候補として格別の待遇を与えられた。しかし、江川が目指すのはあくまでも自身の独立自営だった。そこで、次のステップとして顧客をつかむことが必要だと考えた。

その頃は、アメリカの大手電子機器メーカー、アドミラルやウエスティング・ハウス、通信販売大手のJ・C・ペニー等が日本からの輸入を開始する時期でもあった。しかし、いきなり単身で立候補しても相手からの信用は得られない。江川は足場となる場所を探した。当時、各社の日本での購買サービスは三星電機産業（後に株式店頭公開してリーガル）が請け負っていたのだが、様々な経緯と人脈により、江川はリーガルの店内に拠点を得ることができたのだった。

その頃の江川を知る人物に、当時、松尾電機の社員であった西光雄がいる。同社での手腕を買われ、後には日本電子機械工業会（現・電子情報技術産業協会）の部品部長として日本工業界の発展および海外展開に貢献した人物である。

西は一九六二年頃、松尾電機のフィルムコンデンサを売り込みに行ったことがきっかけで江川と出会った。当時のことを次のように回顧する。

「びっくりしたのは、アドミラル社のスペックに松尾電機のコンデンサの規格を入れて造ってと言われたんですよ。それで造って出したら、大量の注文をもらったんです」

六〇年代、まだ日本が国際市場において地位を持たなかった時代に、日本製品の輸出という領域で個人として先陣を切っていたのが江川だった。

ちなみに、西と江川とは意気投合し、その後も長い付き合いをすることになる。後に西が松尾電機の米国販売会社設立の責任者となった際、欧米をよく知る江川からアドバイスをもらった。帰国する際にはヨーロッパ見学をするように勧められ、その日程表までつくってもらったそうだ。

さて、仕事を精力的に進めながらも江川は独立の準備をしていた。従業員として雇うために母校・明治学院大学の出身者数名に声をかけ、柔道部や航空機部の元主将、ESSの代表選手だった若者たちを集めた。アメリカの大手顧客たちの日本における購買代理サービス、つまり輸出を中心とする事業を開業するつもりで、三〇歳を独立の目標にしていた。私生活では、一九六一年に英子と結婚し、六四年には長女の亜子が誕生した。

ところが、独立を目前に控えた頃、新たに二つの話が舞い込んだ。そのため三つの進路の中から選択を迫られることになったのである。

一つ目は、当初の予定通り自ら輸出業を開始すること。アメリカのアドミラル社の日本での購買サービスを江川個人として受託する内諾を得て、交渉が進んでいた。日本の納入業者やメーカーも同意していたため、すぐにでも実現できる状況にあった。

二つ目は、三洋電機への入社である。当時、同社は国際展開、さらに北米での事業開始を意図しており、江川に参加して欲しいとの勧誘があったのだ。これは江川の経験と人脈を評価してのことであった。

そして三つ目が、当時は小企業であった日本ミネチュアベアリング（現・ミネベアミツミ。以下、ミネベアと表記）への入社である。同社も江川の経験と人脈を活用したいとの主旨であった。

六〇年代当時、ちょうど日本が国際社会に出ていこうとする時代に、江川のような国際経験と実務経験、そして人脈を持っている日本人は希少だった。江川はどのような思考のもとで選択をしたのだろうか。

判断をする上で江川が最も重視したのは、明治学院から募集した後輩たちの将来であった。輸出業で独立開業した場合、その後の五年、一〇年の短期で見れば確実に莫大な利益が予想できた。しかし、変化の激しい事業でもある。その先のことを考えると、果たして後輩たちに人生設計、雇用を保証できるであろうか。不安がないわけではなかった。自分個人としては、短期で利益を得た後のことは成り行き任せでも良い。ただ、後輩たちの将来への責任を考えると、不確実性に躊躇せざるを得なかった。そして、三洋電機は、江川個人に対しては関心があっても、後輩たち数名をも含めたチームとして働けるのかというと、はっきりしなかった。一方、ミネベアは江川個人としては「一番魅力を感じなかった」というが、数名の後輩たちをまとめて面接不要で採用してもよいということだったのである。そうした経緯から、後輩たちの将来の引受先としては最も有効であると判断し、入社を決意した。一九六五年のことである。

実をいうと、江川の内心では「一、二年働いて、後輩たちが落ち着いたのを確認したら、何か理由を作ってミネベアを離れるつもりであった」。そして、ミネベアとは顧問契約でもして、それと同時に改めて輸出業の独立自営を実践することを考えていたのである。

ところが現実と予定は大きく異なった。ミネベアは江川にとって、公私にわたり大きく広く発展する開始点となる。そうして、一九八六年に退社するまでの二〇年間、怒涛のごとく進むミネベアの国際的展開を率いることになるのである。

第2章

ミネベア時代

1. 日本ミネチュアベアリング

ここでは、江川が入社することになったミネベアがどのような会社だったのか、また、当時どのような状況にあったのかを見ていきたい。なお本節の記述は、『ミネベア株式会社六〇年史』を参考にしている。

まず、話は一九五一年にさかのぼる。当時、東京には満州からの引揚者の集まりがあった。満州鉄道傘下の航空機メーカー、満州飛行機製造株式会社で設備課長、技術部長などを歴任した富永五郎もそんな引揚者の一人である。彼と満州時代の同僚らは、航空計器に小さなボールベアリングが多数使われていることに注目していた。アメリカではこうしたミニチュアボールベアリングが戦時中から製造されていたが、日本で製造しているメーカーはほとんどなかった。彼らはミニチュアボールベアリングの製造が戦後日本の新たな産業分野で有望であると考え、その製造会社を設立したのである。それが「日本ミネチュアベアリング株式会社」であった。

しかし、明確な製造方法も分からないミニチュアボールベアリングを作るのは難しかった。加えて、社長を務めていた富永は日本航空機整備会社の設立にあたり、そこへ転身せざるを得なくなった。そこで、設立時にも世話になった日産自動車初代社長の鮎川義介に相談し、日産自動車の関連会社だった啓愛社の社長、高橋精一郎を紹介されたのである。

高橋がミネベアの二代目社長を務めることになるのだが、彼は自分よりも経営の才覚がある息子の高橋高見に経営の座を早々にバトンタッチした。そしてこの高橋高見こそ、「異色の経営者」として日本のビジネス界に旋風を巻き起こし、ミネベアを大きく飛躍させた名物社長その人なのである。江川をミネベアに勧誘したのも高橋高見である（以下、「高橋」と記載する際には息子の高見を指す）。

高橋が一九五九年にミネベアに入社した際の肩書は、「取締役業務部長」であった。しかし、実質的には社長と言ってよい働きをした。その頃の従業員は五五名で、資本金は一五〇〇万円。どこにでもありそうな町工場の一つである。しかしその後、会社を大きく展開していこうとする高橋の動きを見ていくと、江川のような人材を欲していた背景が分かってくる。

高橋は入社から半年後に、ベアリング産業の本場であるアメリカに市場調査に出かけた。そこで、ボールベアリングの専門メーカー、ニューハンプシャー・ボールベアリング（ＮＨＢＢ）を見学して圧倒される。さっそく同社で見た、外注や下請け企業を使わない「自社完結型」生産システムを自社でも取り入れ、機械・設備の合理化によって生産性を大幅に向上させた。

一九六〇年には、アメリカの大手ベアリングメーカーであるミニチュア・プレシジョン・ベアリング・コーポレーション（ＭＰＢ）と販売提携し、翌六一年に初めて製品の海外輸出を始めた。この契約は一九六四年には解消されるが、これを機に高橋はアメリカ進出を本格化させていく。江川がミネベアに入社した一九六五年とは、まさにこのようなタイミングであった。

2．世界を舞台に

ミネベアは伊藤忠商事ニューヨーク支店の一角に営業の拠点を置き、すでに一九六二年には駐在員を派遣して営業活動を行っていた。だが本格化したのは、ＮＰＢとの提携を解消した一九六四年以降のことである。

江川は一九六五年に入社すると、翌六六年にはニューヨーク駐在となり、アメリカ国内でミネベア製品の販路拡大を担当した。なお、この時は伊藤忠商事に出向するという形で、同社の「航空機事業部員」としてであった。さらに一九六七年には、ヨーロッパ市場を開拓するためロンドンに駐在する。ここを拠点に、イギリスをはじめとするヨーロッパ各国で製品の販路拡大にあたった。

一九六九年に再びニューヨークに駐在した後、七〇年には東京に帰任。ミネベアの本社企画部長兼、外国営業部長に就任し、国際部門全般の統括を任された。入社から五年目、三五歳のことである。拡大するミネベアの要といえるポジションで、M&Aおよび新規事業開発の推進が重要な任務であった。ロサンゼルス、ヨーロッパを頻繁に往来し、ミネベアの工場建設に向けてたびたびシンガポールにも出張した。

当時は高度経済成長期の真っただ中で、日本国内の労働力が不足していた。そこでミネベアでは、若年労働力が豊富で、日本企業に対する税制等の優遇措置を打ち出していたシンガポールに製造拠点設立を図ったのである。この頃は日本政府、日本企業ともにあまり国外進出に積極的でなかったが、ミネベアは精密工業部品その他の多岐にわたる製品をアメリカ、ヨーロッパに早くから販売していたので、多国籍企業としての戦略が必要であった。そして

NMBシンガポールが一九七二年に設立された。

この年、江川は取締役に就任し、再びロンドンに駐在。前年に設立されていたイギリスの販売会社NMB（U.K）Ltd.の社長となった。続いて一九七四年、ロサンゼルスに駐在し、現地法人ニッポン・ミニチュア・ベアリング・コーポレーション（NMB Corp.）社長に就任。同社は国際事業全般のヘッドクォーターであったため、ここをベースにアメリカ、ヨーロッパ、アジアの全域にわたる責任者として多忙の日々を送った。併せて、M&A事業や多数の工場の設立も指揮していたというから、その仕事量は想像を絶する。

一九七九年には東京に帰任。常務取締役に就任し、国際的な新規事業、M&Aを担当。一九八三年にはドイツのフランクフルト駐在となり、世界各地の国際事業を統括するとともに、ヨーロッパ販売網の確立を率いた。

ここまでの経歴を辿っただけでも、世界各地をめぐりめぐっていて、記述が追い付かないほどである。まさにミネベアの世界展開に合わせて、司令官として同社の拡大を担っていたのである。高橋の思い描いたヴィジョンを現実にしたのが江川だった。ミネベアに入社した時には、このような人生が待っていようとは思いもよらなかった。ちなみに、高橋は猪突猛進型の激しい性格で、部下にも怒鳴り散らすことが多々あったというが、江川に対してはそのような態度をとることはなかった。

さて、順風満帆に見えるミネベアだが、この間、アメリカでの極小ベアリング・シェア拡大による同業他社からの提訴や、SKF社のリード工場買収を皮切りとする日本でのM&A加速、製品の多角化など、企業史に残る数々の軌跡を残してきた。しかしそれらについて語るのはミネベアの社史や高橋の評伝に譲ることにしよう。以下では、ミネベア時代の江川の仕事について、さらに焦点を絞って紹介していくことにする。

驚くべきは、右のような多忙な生活を送りながらも、文化、芸術に並々ならぬ情熱と時間を割いてきたことである。例えば、一九六六年から一九七〇年頃、ニューヨークやロンドンに駐在していた時期には、ステンドグラスや教会芸術、中国古代の金石、陶磁器等の研究と蒐集に精を出したり、元イギリス首相のウィンストン・チャーチル、美学者ジョン・ラスキン、建築家クリストファー・レンらに興味を持ち、その研究に力を注いだりした。チャーチルに関しては、全著作や関係資料を読了するのみならず、その生活センスを体感すべく、毎週、ウェスターハムの別荘に通いつめたという。

一九七四年にロサンゼルスに駐在して現地法人の社長を務めていた際には、ヨーロッパ近代絵画の研究、マヤ文化の研究・資料蒐集、さらには三島由紀夫、夏目漱石、森鴎外の研究にも熱中した。ロサンゼルスでは、同地の古美術同好会に積極的に参加するとともに、空手の定期的練習も再開したというから、その人並外れたライフスタイルには感嘆するより他ない。

3. ロサンゼルス

一九七〇年代、ロサンゼルスのＮＭＢには毎週のように業務提携や出資、買収依頼の話が舞い込んでいた。日本のミネベアの方にも、銀行や証券会社、あるいは監査法人を通じて同じような引き合いがしょっちゅうやってくる。ミネベアは、日本ではまだめずらしいＭ＆Ａに果敢に挑戦する先駆的企業として名を馳せていたからである。日本初の本格的なＴＯＢが、一九八二年にミネベアによる蛇の目ミシン買収の試みだったことも、その事実を象徴している。その時は結局、大株主である小佐野賢治の反対により途中で頓挫するのだが、これをきっかけに大蔵省が初めてＴＯＢについて研究を開始し、法解釈や制度運用を精緻化させていったという経緯がある。

そういうわけで、ミネベアに対する業務提携や出資、買収の話が山のようにやってきており、情報は全部ロサンゼルスに送られてきたのである。日本国内の案件もロスに送られたのは、結局その事業のマーケットは日本ではなくアメリカだからである（完全に日本国内が対象のものは除く）。それらが江川の下で次々と処理されていった。

江川は、まず内容を見て、何がミネベア・グループにとって肝になるのかを検討する。M&Aにおいては、未実現の金銭的価値が重要である。確かに業績は大事だが、バランスシート上の財産、金、人材、技術など、見えるところは当たり前であった。時間や希少性、経営能力やシステム、開発力などの見えない点を見る必要がある。社長の高橋が重視した点は、その企業をグループに加えることによって、生産性、稼働率、精度が上がるか、どのような測定や品質管理をしているか、そしてそうした測定や品質管理の仕組みをグループの中に応用できないか、という点だった。

高橋の求めるものを理解した上で、江川はその企業と提携した場合、あるいは買収した場合の事業計画書、収益見通しを調査の上で策定した。その場所で生産した場合の利益、原価計算など、あらゆることを算出した上で、一年目、二年目、三年目の事業計画、メリットとデメリットを含めて見通しを執筆するのである。スピードが最優先事項なので、大手企業が半年かけて調査し作成するところを、社内外のあらゆる機能を総動員し二日ほどでまとめた。当時の江川の部下によると、普通はそこまでしなくてもよいのだが、江川は全部やった。

「そうしなければ、最高経営責任者が判断、意思決定をできないじゃない」と語っていたという。また、そこまで精査した上で、やめるならそれはそれでよかった。高橋の見方が自分の意見と異なっても、最高経営責任者の判断をあくまでも尊重した。

現在、企業アドバイザーをしている宮本二郎は、かつてロサンゼルスのＮＭＢで江川の部下として働いていた一人である。もともと日本の総合商社、安宅《あたか》産業で産業機械輸出の仕事をしていたが、一九七七年に同社が伊藤忠に吸収合併されたタイミングで高橋に引き抜かれてミネベアに転職した。入社後は社内研修を経て、すぐに渡米した。

宮本は江川の下で、マーケティング、予算管理、原価計算、品質管理など様々な実務を経験した。この頃、ミネベアの仕事のうち、製造、販売、財務、総務などはそれぞれ担当の専務や常務に縦割りで運営責任が置かれていたが、海外については製造、販売、財務、総務も全てひっくるめて江川が統括していた。江川はロサンゼルスのマネジメントと、対日本とのあらゆる仕事を担った。

ところで当時、ミネベアのような新興企業で働く日本人がアメリカで暮らすことは今よりも厳しく、生活環境の面で苦労することも多々あった。仕事自体も非常に忙しく、宮本と一緒に行った同期の中には、厳しさのあまり日本に帰国した者もいた。しかし、江川は来る者は拒まず、去る者は追わない。「与えられた人材ですべてをやる。それでできなければできないんだという、彼の明快な哲学があるんです」、と宮本は語る。

しかしそうすると、宮本に回ってくる仕事の量も増えていった。次第に仕事が五〇、六〇とたまり、夜の一一時、一二時までやっても終わらなくなった。それでも翌日は朝七時に出社しなくてはならない。そうした状況に陥ってしまったとき、江川にかけられた言葉を宮本は今でも忘れない。

「状況はどうですか」と尋ねる江川に対し、宮本は「大変です」と答えた。すると江川は「どれくらい大変なんですか。お風呂に入る時間、寝る時間、ご飯を食べる時間はありますか」と聞いた。そして、次のように言った。

「優先順位をつけなさい。あなたができること以外はできないんだから。会社はあなたにそれ以上のことは期待していないんだから。無理をして体を壊したら会社としては損なんです。うまくやろうと思わなくていいんです。ホームランを打とうなんて思わなくていい。塁に出て、フォワボールでもデッドボールでもいいから。塁に出れば良し。あなたがいなくても、明日太陽は上がる、明日会社がつぶれることはない。そんな責任も持たなくていい」

こうした江川の教えに宮本は心から納得した。人は、——特にタスクではなく人間関係で成り立つ日本型企業では——少しずつ仕事が増えて追い込まれると、自らのキャパシティを越える仕事をさせられている事実は目に入らず、とにかく終わらない仕事の山と、迫りくる時間だけが世界の全てになってくる。そんな時に、優先順位をつけて、自分ができることしかできない、と割り切るのは意外に難しい。宮本は今では、自分がコンサルティングをする際にもこの考え方を取り入れたアドバイスをしている。江川のような合理的思考は日本の組織ではなかなか根付いておらず、今でも部下に過度な負担を強いる上司は多い。ましてや七〇年代の日本企業ならなおさらである。

江川はさらに、次のような行動をとった。「しばらくは、基本的には話すのを止めて、メモのやりとりだけにしよう」、というのである。それは、話す言葉は整理されていないため、紙に書いてやりとりをしようという意図であった。そうして、宮本は江川に伝えたいことがあるとメモを書いて、二階の隅にある社長室に持って行った。江川がそれを見て、質問や指示事項を書くと、アメリカ人秘書のバーバラが一階の宮本のところへ持ってくる。バーバラは一日に二〇回以上、一階と二階を行き来することもあり、「いいじゃない、あなたとっても健康になるよ」と言って笑い合ったそうだ。

4. 合理的経営

さらに宮本から見た江川の印象的な点は、上手くいかなかったときの原因究明だけでなく、上手くいったときの理由の探究にも余念がないところであった。例えば、営業マンが「今月はこういう仕事をしました、このお客さんを取りました」というと、「今まで取れなかったのがどうして取れたんですか」ということを探究する。仕事を失ったときももちろんそうだが、仕事を取れたときも確認するのである。

宮本がそれまで働いていた商社と違ったのは、相手の人物の動機が何なのかを重視する点であった。商社では個人の動機はなく、会社という単位しかなかった。江川は、個人という単位を非常に重視していた。アメリカ企業の資材購買部門は、担当者個人が契約の決定権を持っている場合もあれば、部長が持っている場合もある。個人との関係性の中で注文が取れる可能性もある。商品の品質や価格だけではなく、人柄が買われて契約がとれることもあるのだから、なぜ契約がうまくいったのかを事細かに、客先や案件ごとに日々、考えなければならないのである。江川は各地域にいるリージョナル・マネージャーに「そうしたことを指導してください」と指示していた。

会議で、なぜ契約が取れたのか、取れなかったのかを徹底して確認していると、取れなかった理由も次第にはっきりしてくる。例えば、原因が一番重要な資材の調達の遅れということであれば、そこを突かなければ問題は解決しない。そんな時に江川は、日本の製造部門の末端の資材部門にまで手を入れるように指示し、対処していった。そうするうちに、アメリカ人マネージメント・スタッフやセールス関係者など、周囲も江川の思考を理解し、何をすべきかがわかってくる。日本企業は往々にして根性や努力、気遣いなどによって問題に対応しがちだが、江川は合理的対処によって課題を解決していった。

それを象徴するエピソードは、他にもある。当時、ミネベアが買収したある会社が、ゲーム機をアメリカ向けに売っていた。そこへ、あるユダヤ系企業が注文をしたいと言ってきた。ところがこの企業は、注文書一枚での契約を迫ってきたのである。同社は、詳細の書かれていない一枚の文書で契約し、あとで難癖を付けるといったことを繰り返している会社であった。例えば出荷の二、三カ月前に突然仕様の変更を要求してきて、それに対応するために遅れが発生するとペナルティを課そうとするのである。「契約書に書いていない」と抗議しても、「では裁判だ」といって訴訟を起こされる。実際、多くの日本企業がこれに引っかかっていた。

宮本が打ち合わせでその企業を訪れた際、江川からは不明瞭な形での契約は絶対にしないよう指示されていた。一度決めた仕様は変更できないことなど、基本的な項目を入れて、「こういう契約書でない限り、注文はとるな」と言われていた。次の日には直接江川が来ることになっていたのだが、やってきた江川の主張に対して、その企業の社長は大変驚いた。そして、「俺はこれまで一枚しか注文書を出したことはない。何でいきなりそんなことを言うんだ」、「俺は日本人とこれまで何十年もビジネスをやっているけど、こんなこと言われたのは初めてだ」と始まり、一時間以上も自論を展開したのである。それを聞いた江川は、次のように切り返した。

「ちょっと待って、エアコンがうるさくて、あなたが今言ったこと何も聞こえなかったよ」

そして、こう続けた。

「これはテーブルマナーみたいなもので、フォークとナイフはこう並べるのですよ、というような基本的なものだから、テーブルマナーも理解できないような相手とはビジネスなんかできないでしょう。宮本から聞いているけど、あなたはうちと打ち合わせするのが嫌なようだから、それなら注文は要りませんので帰りますよ」

それを聞いた社長は焦り、〝ああでもないこうでもない〟と議論を交わしたのち、最終的には契約書にサインするに至ったのである。もちろん江川の納得する形であった。

今となっては、日本企業も海外進出が進み、このような交渉の場でも国際水準のマナーを理解するようになった。しかしこれも、七〇年代にはこうしたマインドを持って欧米企業と渡り合える日本人は決して多くなかったのだ。

5. 仕事と趣味

さらに、宮本が語る次のようなエピソードは、江川がいかにして第一線のビジネスパーソンとして活躍しながら、絵画、ステンドグラス、和洋の古書、陶磁器等々の蒐集と研究で優れた実績を残してきたかという謎の一端を私たちに明かしてくれる。

江川は毎日、だいたい一〇時ごろに出社した。ただ、家ではもっと早くからひと仕事終わらせてきている。基本的に家では仕事をしないことになってはいたが、日本から依頼や問い合わせが来るので、対応していた。それをもとに、宮本ら部下がその日の午前中に取り組む仕事が決まるのである。手が足りないときは他の日本人スタッフにも頼んで、江川が出社するまでに終わらせておく。江川は出社すると、それらをまとめて、日本に報告する。短時間で集中して取り組み、猛烈なスピードで仕事を片付けた。それを終えると、一一時から一二時頃には退社し、もう午後は会社にいなかった。

午後は何をしていたかというと、ダウンタウンの道場に空手をしに行ったり、なじみの伊藤忠商事の事務所に顔を出したり、趣味のネイティヴ・アメリカンの研究をしたり、絵画や古本を探しにダウンタウンを訪れたりしていたのだ。夕方前に、必要な場合にはどこからか会社にやってきて、その時までに日本やその他、やり取りをしている相手から返事が来ていれば、その対応をまた短時間で終わらせ、遅くとも六時には帰宅していった。宮本は江川の仕事ぶりについて次のように語る。

「仕事が早い。一個のことについてその時その場で完結させる。時間を惜しまずに、その場で終える。そしてあとのことは次の進展を待つ。だから、彼の下にいるのは大変なんです(笑)」

だが、江川は任せた仕事を部下ができてもできなくても何も言わなかった。できる以上のことは望まない、人ができる以上のことを望んでも仕方がないという考え方だった。ただ、「これだけのことをできたらあなたにとってプラスですよ」という言い方はした。宮本も、「商社からせっかくこうした場所に来たのだから、いい勉強になるでしょう」と言われ、実際その通りであった。

こうした江川の仕事スタイル、部下との付き合い方について、江川のことを「冷たい」と思っていた者もいた。情や「阿吽の呼吸」で成り立つ日本企業、あるいは日本社会において、江川の合理的な考え方は全く異質だったのだ。

それを象徴するエピソードがある。ある時、ミネベア社員の内輪の結婚パーティーが開催された場で、「みんなで歌を歌おう」という流れになった。江川も一緒になって歌ったのだが、それを見た部下たちは驚いた。なぜなら、江川が一緒に歌を歌ってくれる人だとは思っていなかったからだ。

6. ヨーロッパ

ロンドンから西へ約三五キロ、車で一時間ほどの場所に、イギリス王室の離宮であるウィンザー城はある。一一世紀にウィリアム一世が要塞を築いたことが始まりであり、実に九〇〇年以上の歴史がある。現在でも、エリザベス女王が週末や休日を過ごしていた古城として知られている。

ミネベアがイギリスで間借りをしていた欧州総代理店 Barden U.K. 社から独立し、独自の事務所を構えることになった際、ウィンザー城の目の前の築数百年の古い物件を借りた。歩くと床がミシミシするような建物であり、昔は地下で城と繋がっていた由緒ある物件である。

ここを事務所として選んだのは、歴史的なものを好む江川の指示だった。

江川はロサンゼルスでの仕事を経て、一九七九年には東京に帰任し、常務取締役として新規事業の立ち上げやM&A等、国際事業を統括していた。一九八三年には自らドイツのフランクフルトに駐在し、ヨーロッパ販売網の確立を指揮した。

当時、ミネベアの社員としてイギリスやドイツに駐在した山中雅義も、江川の指導の下で経験を積んだ一人である。江川の指揮下で、イタリア、フランスにも拠点を設け、欧州販売網の基礎を築いた。

山中は江川のことを、「当時はどちらかというとバンカラで泥臭いイメージだったミネベアの中で、唯一無二のアカデミックな存在」だったと語る。後に山中が高橋高見の身内から聞いた話によると、高橋家では江川のことを「博士」と呼んでいたという。

山中は出張でロンドンにやってきた江川を初めてヒースロー空港でピックアップした時、突然、江川から「山中君、君の武器は何ですか?」と質問された。答えを思いつかなかった山中が、苦し紛れに「しいて言えば人柄でしょうか」と答えると、江川に「君ね、人柄で飯が食えるのは高橋さんぐらいだよ」と苦笑されたそうだ。今でも山中の印象に残る思い出である。

また、山中が大学時代に野球部のマネージャーをしていたことが話題に上ったときには、「君は、マネージャーはチームの縁の下の力持ちだといい気持ちになっていたかもしれないけど、社会に出たら四番でエースにならなければだめだよ。彼らはその地位を維持するために、陰で人の何倍も努力している」と言われた。その一言は山中に大きな気づきを与え、その後の姿勢に影響を与えた。山中は後にアメリカに駐在し、北南米総支配人として、アメリカのホールディングスの責任者を務めた。

ヨーロッパでの江川の仕事と趣味との両立についても、山中に聞くことができた。江川がフランクフルトに半年ほど駐在し、山中が直接指導を受けていた頃の事である。江川が出社すると、まず山中と打ち合わせをし、そこで山中の一日の仕事が決まるといってよいほどの課題が出された。江川はその日の仕事は午前中に終わらせ、当時、フランクフルトで数少なかった日本料理店で山中と一緒にランチをとると、「この程度の仕事で丸一日は必要ないから、僕は帰って貿易論を執筆する」といって退社していった。

確かに、当時のヨーロッパ事業では江川のスピードをもってすれば一日分のボリュームはなかったそうで、それを一日中会社でやる必要はなかった。これはもちろん、江川が人より仕事をしていないということではなく、人と同じだけの仕事を人よりも速いスピードで終わらせるということである。さっさと終わらせて、残りの時間を有益に過ごすというのは江川らしいやり方である。思考や判断の速さももちろんであるが、タイプライターを打つスピードも「尋常でないほど」で、その辺の秘書たちも太刀打ちできないほどであったらしい。しかも原稿なしで英文をバチバチ打つ姿に、山中は言葉を失ってしまった。

また、こんなこともあった。ある時、急に「山中君、市場開拓しにスペインに出張するから付いてきてくれ」と言われてマドリッドに同行した。ホテルに着くなり、「電話帳でベアリングの代理店を探して明日のアポを取るように」と指示を受けたのだが、初めてのスペインで、しかも電話帳もスペイン語である。何とか「ベアリング」という単語を教えてもらい、それらしきところに片っ端から電話をして、翌日数社とのアポイントがとれた。江川に報告すると、「よし、それじゃちょっと出かけるからついてこい」と言われた。

言われた通りに付いていくと、江川はホテルから徒歩でスタスタと裏道を歩いていった。どこへ行くのか不思議がる山中をよそに、江川はある古本屋にたどり着き、そこの店主にこう尋ねた。「ポルトガルの×××という作家がX年代に書いた本はないか?」。店主が「X年代はないが、Y年代のものならある」と答えると、「その年代じゃだめなんだ。ありがとう」と店を出た。山中には何が起きているのか、首をかしげるばかりの出来事であった。

後々、あれは江川の研究の一部だったのだろうと納得した。しかし頻繁にスペインを訪れているわけでもないのに、なぜ店や道を把握していたのか、山中は今もって疑問に思っている。これなども、江川がいかにして忙しい仕事とともに自らの研究を両立させていたかを垣間見せる出来事である。

7. 半導体事業への参入

江川のミネベア時代の最後の大仕事とも言える、半導体事業の話もしておこう。

一九八四年四月二五日、ミネベアは超ＬＳＩを生産する新会社、ＮＭＢセミコンダクターを翌月中に設立すると発表した。超ＬＳＩとは、一チップ当たりの半導体素子の集積度が一〇万個を超える集積回路のことである。半導体業界でも超ＬＳＩを生産可能な企業は限られていた。ミネベアの半導体進出のニュースはその日のうちに業界中に伝わり、驚きと失敗の予想を持って迎えられた。それまで、異業種から半導体事業に参入して成功した企業はなかったし、ミネベアは機械加工業で精密超小型ベアリングのメーカーとして評価を得ていたものの、半導体との距離は大きく、まさに「狂気の沙汰」と受け止められたのだ。

前述のように、江川はミネベア入社時、一、二年経ったら何か理由をつくって退社し、その後は輸出業の独立自営に向けた動きを再開しようと考えていた。しかし現実は大きく異なり、ミネベアを拠点として世界規模の実績を残すのであるが、それでも五〇歳には区切りをつけて早期退職し、イギリスの田園で数年間の引退生活を楽しもうと準備に入っていた。そんな矢先のことである。半導体事業への参入が具体化され、事業開始に向けた総指揮を任されることになったのである。

半導体の多岐にわたる種類の中でも、メモリー（記憶装置）系は機械加工部品の性格であると江川は目を付けていた。また、半導体メモリーは「産業のコメ」と言われるほど様々なところで使われており、量産効果で勝負の余地もあった。ただ、そうはいっても突然参入して製造できるはずはなく、金も人材も当てはなかった。実行可能なタイミングを慎重に待ち、計画して準備すること約一〇年を経ても、一九八四年の設立は見切り発車の決断だった。

ミネベアが半導体事業に参入した背景には、ベアリングがかつてほど使われなくなっていったという事実がある。例えば、ベアリングは航空計器をつくるために使われていた。ギアトレーンという、歯車を一列に並べて回転させ、動力を伝達する方式の中で使われていたのだが、そのうちにギアトレーンは機械に置き換えられていった。電気で動くモーターに切り替わり、ベアリングの使用箇所が減少したのだ。そうしてミネベアは、まずモーターの製造に参入した。さらには、新しく普及したコンピュータのメモリーで使うステッピング・モーターやディスク・ドライブもベアリングを必要とすることから、コンピュータ周辺機器にも参入。そして今度は、ハードディスクのメモリーが半導体のＤＲＡＭ（ディーラム：Dynamic Random Access Memory）に置き換わっていったという経緯があった。ＤＲＡＭとは、大容量の情報を保持することのできる記憶素子である。ミネベアの成長戦略の中で、ベアリングは中心ではあるが、ベアリングが使われる場所が少なくなっていく中で、変化は必然であった。

ロサンゼルスで江川の下で働いていた宮本二郎は、この半導体事業の立ち上げに向けたプロジェクトの中でも、江川の下でジェネラル・マネージャーを務めた。当時、ミネベアの中で何か新しいことを起こすときに、対外的なことが絡む場合はほとんど江川のところに話が来たが、半導体事業は国内で製造するという話だったので、江川とは必ずしも関係ないと思っていたら、結局、江川が統括することになった。「技術も設備も工場も人もお金もない状況で、いきなりぶつけられるんですね」と宮本は笑う。ただ宮本は、江川の特質を次のように語る。

「それが大規模なことであろうが、変わらないんですね。何を与えられても。彼の持っている尺度とやり方に即して、できないことはできないんだから、という中で淡々と、マイルストーンをつくって一つ一つやっていって、解決していく。いろんな事業をやりましたけど、全部同じなんですね」

半導体事業への参入という、とてつもなく困難な仕事を任された際も、宮本が江川に「どうするんですか」と聞くと、「なるようにしかなりません」という感じであったそうだ。

ちなみにNMBセミコンダクターが設立されたのは一九八四年であるが、前年に江川は「フランクフルト駐在」ということになっている。フランクフルト駐在の一年間は同地から指示を出したり出張でやってきたりしていたのだろうか。宮本に尋ねると、「いや、江川さんはもうアメリカとヨーロッパと日本を四六時中移動していたんですよ。四六時中です」という答えであった。

8. NMBセミコンダクター

一九七〇年にアメリカのインテルが初めて1KビットのDRAMを世に出して以降、だいたい三年ごとに四倍のビット数のDRAMが登場し、次々と世代交代した。4Kビットの次は16Kビット、64Kビット、そして256(ニゴロ)Kビットである。この頃、つまり一九八〇年代初頭、世界のＤＲＡＭシェアは日本がトップで、ＮＥＣ、日立製作所、東芝など日本のメーカーが世界シェアの約八〇％を占めるようになっていた。ミネベアが半導体業界に参入しようとしていた時期は、64Ｋが主流で、次の２５６Ｋのサンプルを各社が出し始めた頃であった。ミネベアも技術者たちを集め、最先端の設備を使い２５６Ｋで勝負に出たがそれではすぐに追いつかれてしまうことは目に見えていた。江川は工場や設備をつくる際に、また三年したら改築が必要となるものではなく、次の１Ｍ（メガ）もできる設備が必要だと考えた。

半導体製造には㎛（マイクロメートル：一ミリメートルの一〇〇〇分の一）単位の精密技術がいる。64Ｋと２５６Ｋでは０が二桁異なる。64Ｋでは１００㎛単位でつくっていたが、２５６Ｋでは10㎛以下、１Ｍだと㎛以下の技術が必要であった。ミネベアはそれまで㎛単位のベアリングを機械加工でつくっていたので、㎛単位なら技術的対応ができたが、ゆくゆくはそれ以下の技術が必要になる。全てオートメーションで製造し、メンテナンスの為に人が入るのは最小限に抑える。髪の毛一本（50〜１００㎛）落ちるだけでもだめ、ほこりやタバコの煙に含まれる粒子状物質（１㎛）も厳禁である。そのような環境を維持するため、世界最先端の設備を整えた。

用地として選ばれたのは千葉県の館山である。建築を指揮したのは、建築家の有泉峡夫《かいお》だった。有泉はこれまでもミネベアの工場や高橋が迎賓館として使っていた別荘などを手掛けており、高橋が最も信頼する建築家であるとともに、江川のよき友人でもあった。自然豊かな館山に建設された工場は、「人間と自然のコミュニケーション」「建物と自然の共存」をテーマとし、工場、ゲストハウス、社宅の三つの建築群で構成された複合建築となった。モダンでありながら落ち着いたデザインは見事に自然と調和している。

その有泉は、江川と半導体事業について次のように語っている。

「M&Aで世界を駆けめぐり、成果を挙げた江川さんに、半導体事業はまたとない力の見せ所だったと思います。無謀とも思える事業に対しての資金確保から投資家の信頼維持、人材の確保、事業イメージに合った用地の確保、建物と環境の整備、予想のつかない進歩と将来、社会へのニーズの展望と対処。力の見せ所であると同時に、一九四五年以降の価値観の大転換への挑戦とも思えます。江川さんが最も大切にしている歴史なのではないでしょうか」

江川をよく知り、ともに数々の事業を行ってきた有泉だからこその見解である。

確かに、半導体事業への参入は大きな挑戦であり、大小さまざまな苦難が複雑に絡み合った試練だった。戦後の歴史的転換という大きな流れの中で見ると、ミネベアというメーカーが世界的に成長し、世界で最も注目の集まる業界の最先端技術分野に参入した拡大の過程でもあった。そしてまた江川の個人史としては、世界に向けて挑戦し自己の可能性を展開し続けた先にある、一つのクライマックスでもあったのだ。

不可能だと思われた半導体事業を指揮し、実現させた。先に述べたように、江川は五〇歳を期限として退職し、早期引退生活を楽しもうと準備していたものの、様々ないきさつからミネベア半導体事業の総指揮をすることになった。それをやり遂げた後、「若干の遅れ」だと語るが、一九八六年、ミネベアを退職した。五一歳になる年のことである。

第3章

コニカ時代

1．カメラの誕生

カメラというのは不思議な道具である。今となってはスマートフォンで写真や動画が誰でも簡単に撮影でき、気に入らなければ撮り直し、加工したりリアルタイムで配信したりすることもできる。しかし、目の前にある風景を画像に固定して持ち運ぶことは長らく人類の夢の一つであった。いったいどのようにしてそんなことが可能なのであろうか。

カメラの元になる原理は、今から二〇〇〇年以上前から発見されていた。カメラ自体についてはもっと後の時代であるが、元になる原理は紀元前から発見されていたのだ。紀元前四世紀、古代ギリシャの哲学者アリストテレスは、暗い部屋の中の壁に小さい穴が開いていると、そこを通って外から入ってきた光が反対側の壁に当たり、部屋の外の風景が逆さまに映し出されるという現象を知っていた。この現象はカメラ・オブスクラと呼ばれた。ラテン語でカメラは部屋、オブスクラは暗い、という意味である。

しかしこれは外の風景が壁に逆さまに投射されるというのみで、画像が焼き付けられるわけではない。そのためこの現象は、中世の科学者たちによって日食の観測に利用されたり、絵画の補助道具にされたりしたが、それ以外にこれといった使い道はなかった。投影された画像を定着させることは、全く別の文脈で登場した科学的進歩、すなわち硝酸銀や塩化銀が光の照射によって化学変化を起こす現象の発見と結びついて初めて実現したのである。

かの有名なイギリスの陶器ブランド、ウェッジウッドの創始者ジョサイア・ウェッジウッドの息子、トーマス・ウェッジウッドは、カメラ・オブスクラで投影された画像を硝酸銀の黒変現象で定着させることを思いついた。写真機の発明にまでは至らなかったが、バラバラだった現象を結び付ける発想は彼の天才的ひらめきであった。こうした方向性を受け継ぎ、フランスのニセフォール・ニエプスが画像の定着に最初に成功する。ニエプスと組んで研究を進めたルイ・ダゲールが、写真機「ダゲレオタイプ・カメラ」を開発したのは、一九三九年のことであった。

このダゲレオタイプ・カメラは一八四八年には日本に伝わる。オランダ船が長崎に持ち込んだのが最初であった。もたらされたカメラは、時計職人で技術者だった上野俊之丞が入手し、そこから薩摩藩主の島津斉彬《なりあきら》の手に渡った。撮影方法に関する情報までは一緒に入ってこなかったため、家臣たちとともに撮影の研究を重ね、ようやく一八五七年に斉彬の肖像写真が撮影された。

写真が広く日本で広まったのは、開国後、在日外国人から技術を教えてもらった写真師が増えてからのことだった。一八六一年には江戸で鵜飼玉川《ぎょくせん》が、翌六二年には長崎で上野彦馬、横浜で下岡蓮杖がそれぞれ写真館を開設し、その後、彼らの弟子たちやあるいは他の系統から写真術を学んだ写真師たちが次々に写真館を開業する。仕事を失った武士階級にとっては、化学的知識を活かせる写真師は格好の職業だった。

写真師が増えれば増えるほど、写真材料を供給する商人が現れる。そして写真材料といえば、薬品が大部分である。主に薬屋関係の出身者が新たに写真材料の販売を始めるというケースが多かった。

杉浦六三郎もその一人である。父親が営む小西屋六兵衛店という薬問屋を手伝っていた六三郎は、一八七二年（明治五年）のある日、生まれて初めて写真を撮ってもらう機会があった。数日後、出来上がった自分の写真を手にすると、そこから大きな衝撃を受け、写真という新しい文明の利器に将来をかけることを決心した。

そうして一八七三年、小西屋六兵衛店で写真材料を扱うようになる。一八七六年には店を弟に譲り、新たに日本橋で「小西本店」を開業、本格的に写真材料の販売を始めるようになる。これが後のコニカ（現・コニカミノルタ）である。

2. 小西六写真工業

小西本店は写真材料を扱うだけでなく、新しい写真関連機材の輸入、そして製造も担うようになった。各地に工場を設立し、職人をそろえ製品の評判を高めていく。日清戦争の際には小西製のカメラが従軍写真班に携行され、満州各地の戦況撮影に活躍したことで感謝状を贈られたこともある。資産家層の中からカメラを趣味とするアマチュア写真家が生まれ、得意客も増えていった。ライバル業者も誕生する中で常に順風満帆というわけではなかったが、それでも日本の写真業界で確実に地歩を固めていった。

第一次世界大戦時には、日本に輸入されていたレンズや写真材料の圧倒的多数がドイツ製だったため、敵国となったドイツからの輸入が途絶え、国産の売れ行きが急激に伸長した。しかし大戦後は株価が暴落し、ドイツ製カメラの安価での流入などにより、小西本店は体制転換を迫られることになった。一九二一年一〇月には合資会社小西六本店を設立し、会社組織として再出発した。同月、それを見届けるかのようにして六三郎が七五歳で逝去。一九二三年には六三郎の遺志を受け継ぎ、小西写真専門学校（現・東京工芸大学）を設立した。

一九二〇年代には庶民の間にも写真が徐々に広まっていき、小型カメラがよく売れた。三〇年代に入ってからも民間でのカメラブームは衰えることなく、民需・軍需の増大により写真機材の売り上げは急増する。日中戦争勃以降は生産を陸海軍に統制された状況下で、天然色フィルムや写真用ゼラチンの国産化を担った。またこの間、組織としては小西六写真工業株式会社となっていた。

このように、小西六は軍需産業としての役割を担っていたため、敗戦後にGHQによって日本が占領された後は、徹底的な調査を受けた。しかし、生産再開の許可をいち早く受ける。これにどの程度影響があったのかはわからないが、この頃の連合軍兵士のカメラ熱は大変なものだったという。カメラ会社や感材会社にジープで乗り付け、カメラやフィルムを購入したり奪ったりする兵士が後を絶たなかったほどである。GHQとしても、小西六の事業内容自体にさほど脅威がないと判断し、また様々な記録のために写真産業の再開は必要だったのだろう。

こうして、戦後日本においてカメラ業界は急速に復活していった。新技術の開発が進み、五〇年代にはカメラブームが再来、写真がより身近なものになっていった。この頃すでに小西六は「コニカ」というカメラを発売しており、同時期に発売されていた多様なカメラの中でも人気を誇っていた。

一方、先進諸国では貿易の自由化、関税の引き下げなどがあり、日本の写真業界も海外への輸出を競った。一九六〇年代には小西六でも国際競争力の培養が必須の命題となり、これ以降、海外のネットワーク強化に努めることになる。

3. 一九八〇年代

江川がミネベアを退社し、小西六写真工業の常任顧問となったのは一九八六年七月のことである。同社の当時の状況を見てみると、江川が何を期待されていたかを推察できる。

例えば一九八五年の『化学工業日報』の記事では、「小西六写真　米国拠点づくり急進展　資本参加で販売拡大」(三月一六日)という見出しのもと、「小西六写真工業は海外戦略強化の一環として米国での生産、販売、研究開発の拠点づくりを積極的に展開、ここへきて相次ぎ具体化し、急進展をみせている」と書かれている。主力の一つであった複写機の販売強化を目指していることや、さらには新規事業を育成するため、シリコンバレーの中心地サンノゼに新会社コニカ・テクノロジー(ＫＴＩ)を設立したことも報じられている。このように海外展開に力を入れていく過程で、江川の豊富な国際経験が必要とされたのだろう。

KTIにはアメリカ人の開発技術者を中心に実験助手や試作要員、総務、人事・予算管理者など総勢二〇名ほどの従業員がいた。開発技術者はスタンフォード大学、マサチューセッツ工科大学、UCLA、UCバークレーなどの一流大学の卒業生が多かった。

目標としていたのは、画像や数値のメモリー媒体として広く使われていたフロッピーディスク（FD）の高密度化と、駆動装置の開発である。当時FDのサイズは三・五インチ、五・二五インチ、八インチの三種類があったが、KTIでは五・二五インチのFDに通常の一〇倍、すなわち一〇メガバイトの記憶容量を持つメディアとその駆動装置を開発していた。

KTI設立の翌年、小西六写真工業は社内にMD事業推進室を発足させ、KTIが開発した製品の製造、販売をここが担当した。また、同推進室にはKTIの管理部門としての役割もあった。江川は入社から四か月後の一九八六年一一月に理事に就任し、MD事業推進室長を兼務、KTIの事業とも深く関わることになる。

KTIは従業員による社長への不信や社長解任などの諸問題がありながらも、一九八六年にFDの高密度化と駆動装置の開発を成功させる。駆動装置はAFDD（Advanced Floppy Disk Drive）と名付けられた。

KTIで新たに社長となった木村凱昭は、AFDD事業で江川と接することが多かった。当時の江川との仕事について次のように振り返っている。

江川さんはAFDDのインターナショナルな製造と販売を考えておられました。その頃から私は江川さんと行動を共にすることが多くなりました。具体的には日本ではミツミ電機、オムロン（立石電機）、エプソンなどをグループとして考え、技術、製造、販売の分野で相互に協力することによってAFDD事業を成功に導こうとされていたように思います。私は江川さんと一緒にそれら各社のトップの方々との多くの会議に同席しました。また、ヨーロッパの広い人脈、中国の広い人脈を活用しようと考えておられたように思います。

木村は江川とともにミツミ電機の台湾工場を見学したり、ラスベガスで世界最大級のコンピュータ見本市COMDEXに技術や市場の調査を目的に参加したり、欧米の名だたる企業との会議に参加した。様々な企業との会合は、江川の紹介で実現したものも多かったという。

KTIの他にこの頃の小西六写真工業の動きとしては、M&Aの積極的推進がある。一九八七年七月の日本経済新聞には、「小西六「ハイブリッド経営」加速　M&Aテコに新分野開拓」との記事が掲載された。同紙によると、小西六は過去三年間に国内外で四社を買収するとともに、外部人材や技術などを取り込み、高付加価値製品の開発に取り組んでいた。経営資源の複合化により、「総合映像情報企業」を目指していたのがこの時期である。この分野でも江川の経験と手腕が期待されていたと考えられる。なお、記事が出たのと同じ八七年七月、江川は営業本部副本部長（海外担当）兼、営業本部海外営業部長に就任している。

この年の一〇月、小西六写真工業は社名をコニカに改称した。

4．シンガポール

一九八七年には、アジア市場開拓拠点として現地法人コニカ・シンガポールが設立された。アジアでは香港に次いで二番目であった。その初代社長を務めたのが、現在、日本BS放送会長兼CEOを務める齋藤知久である。当時、三七歳だった。齋藤はコニカの海外営業部長だった江川とも接する機会が多くあり、今回、その思い出を聞くことができた。

まず、齋藤が江川に初めて会ったのはシンガポールで、一九八八年のことだった。それまで欧米市場中心のコニカであったが、江川が「これからはアジア市場強化だ」と力強く宣言しているのを見て、非常に嬉しく心強く感じていたという。当時は写真フィルムのマーケット・シェアをめぐってコダック、富士フイルムと激しい競争を繰り広げており、拠点もシンガポールからタイ、インドと積極的に拡大した。江川の指揮により多くの国でコダック、富士フイルムを越えてトップシェアを獲得することができた。

また、齋藤が江川の指導で今でも覚えているのは、「市場開拓で拠点を築く際に現地法人、事務所の進出のための法的手続きは一生懸命調べるが、撤退のための法的手続きもしっかり調べておくように」ということである。威勢よく進出しても状況の変化で引くに引けなくなるケースが多くある。齋藤にとってこれは盲点であった。それから数十年が経過し、カメラがデジタルカメラにとって代わると、場所によっては撤退した会社もある。まさに江川の先を見越したポリシーが生かされた体験だった。また、今でも部下には同じことを指導していると斎藤は語る。

タイで工場を造ったときにはこんなことがあった。工場候補地を見に行った時、江川が建物の裏に回って何かチェックしていたのである。齋藤が聞くと、タイでは大雨が降って工場の中の機械がダメになるケースが多いため、洪水の跡（雨の後のシミ）がないかチェックしていたのだという。これは現地に精通した江川しか思いつかないポイントであると驚いたそうだ。

「いつも大胆な江川さんですが、いざ出陣（投資）となると細やかな大切なポイントは見逃しませんでした。まるで武士が出陣の時に鎧かぶとや武器の隅々まで点検するような周到さを感じました」

ミネベアで工場を新設したり、数多くのM&Aをまとめたりした経験が、このようにコニカの仕事に生かされていたのである。

江川は海外営業部長となったので、出張も多かった。基本は一人で行き、現地で駐在員がフルアテンドする。駐在員がいない場合は、担当者が先に現地入りして受け入れ準備するケースが多かった。中近東など、馴染みのない国は担当者が同行していた。

齋藤の話で面白かったのは、江川のシンガポール出張時の「暗黙のルール」についてである。まず、飛行機の予約は前から二番目進行方向に向かった太陽の当たらない方の座席。これはどちらがそうなのかわからず、苦労したそうだ。また、客との会食はクーラーの風が当たらない場所。これは事前にスタッフが下見して確認した。そしてホテルはシンガポールではシャングリラのバレー・ウィング、タイではオリエンタル・ホテルのリバーサイドであった。駐在員より詳しいので困った。ある日、江川が「私は贅沢は言わない。こだわるのは飛行機、ホテル、食事だけだ」と言ったので、齋藤は少し恐れながら「それだけで十分贅沢です」と言うと、「そうか?」と江川が大笑いしたので、安堵して二人で大笑いしたという。

さて、江川の文化面での活動でも興味深い話がある。齋藤は当時コニカで最年少の現地法人社長だったため、後に続く後輩たちの為にも絶対失敗できないと考えていた。失敗したら「若い社員にトップは無理だ」ということになるので、多くの時間を仕事に費やしていたのである。そんな折、江川がシンガポールに出張に来て、付き合うように言われてオーチャード通りはずれの薄暗い店に行った。そこは素人が見ても分かるほど品ぞろえの充実したアンティーク・ショップ、ムーンゲートであった。江川は顔なじみの店主と親しく話していた。「これから齋藤にアンティークの手ほどきをしてほしい。彼は仕事ばかりしているのでダメなんだ」と流ちょうな英語で話していたのだった。「仕事ばかりしてダメ」だと上司に言われたのは初めての経験だった。

江川の提案で、中国の明の時代の小さな水滴（硯《すずり》に水を入れる小さな器）を店主が持ってきた。明の時代の官僚は、記録を墨で書く際に遊び心も併せ持ち、動物をかたどった水滴に水を入れて硯に注ぐのであった。その目的のためだけに作られた、動物の形をした色とりどりの水滴があった。江川はその一つを選んで齋藤に購入を勧めた。そんなに高いものではなかったので、迷わず購入した。ここから齋藤の中国陶磁器を中心としたアンティーク蒐集が始まる。購入時にはその店で時代背景などを教えてもらい、本物と贋作の見分け方も教えてもらえたので安心だった。

自分で開拓して通うようになった店もできた。リババレー・ロードにあったKENという店である。後にチャイナタウンに立派な店を構えるようになるが、当時は店の奥が倉庫兼用で、ガラクタがたくさん置いてあるような場所だった。齋藤はなじみ客になったので、よく奥に入って勝手に掘り出し物を探した。ある時、江川が出張でシンガポールに来ると連絡があり、「シンガポールの日本統治時代の新聞を探しておいてほしい」という「宿題」が課された。早速、KENで探すと、『昭南新聞』が束になって出てきたのである。江川がシンガポールに来た際に店に案内すると、『昭南新聞』の束を見て大変満足そうにしていた。『昭南新聞』は日本軍勝利の勇ましい記事がトップで出ていたが、年を追うごとに紙のサイズが小さくなっていき、物資の不足が想像された。江川は『昭南新聞』にアンティーク蒐集というよりは学術的価値を求めていたのだと齋藤は想像した。

このように、齋藤はアンティーク蒐集にも精を出した。充実した駐在員生活を送れたのは江川のおかげだったと語る。江川からは、「将来欧米の社会でビジネスマンとして活躍する場合は、歴史を語れる趣味を持っておかないと、上位のビジネスマンから相手にされない」と教えられたそうだ。齋藤が江川の幅広いアンティーク・コレクションを見せてもらったのは、その後一〇年ほど経ってからである。

なお、斎藤が江川から受けた指導は、「アンティーク・ショップを開拓すること」の他に、「現地でうまい料理屋をAランク、Bランク、Cランク別に見つけ、行きつけをつくること」であった。齋藤が「マーケット・シェアの拡大は?」と聞くと、江川から「それは当たり前でしょう」と返ってきた。

5.「現地との密着度合いで気合がわかる」

他にも、コニカ時代の江川を知る人物に話を聞くことができた。コニカUKの社長を務めた越智一彦である。

当時のコニカの事業は、大きく分けると写真感材関係と複写機関係があった。前者はカラーフィルム、印画紙などのアマチュア製品を扱う部門と、印刷感材、そして医療関係の三つに分かれていた。その営業本部に、海外経験が豊富とはいえ製品についての知識がそれほどあるわけではない江川がトップで送り込まれてきたわけである。越智は、「当時のコニカは、よく言えば堅実・実直。裏返せば冒険しない・保守的・ある意味現状肯定。江川さんを送り込んだ社長は、その風土を変えたかったんだと私は推測しておりました」と述べる。

越智はその頃、海外営業部の係長をしており、本来であれば江川と直接話す機会はあまりなかった。江川は自分の出張報告などを部長・課長を通じて皆に配布していたのだが、それを読んで越智は同僚と、「変わったトップが来たな」と話しつつも、新しい考え方に触れるのが楽しみであった。

なぜ「変わったトップ」だったのか。当時、他のメンバーの出張報告は「どのような製品がどれだけ、いくらで売れた」、「物の納期が遅れがちで最近、顧客からクレームを受けている」、「競合他社の宣伝活動が活発で、コニカの製品が売れない」などであった。それに対して江川の出張報告は、「ビジネスに重要なことは何か」、「腹を決めて物事にあたれ」といったような内容だったのである。越智はこうした業務内容と直接関係のない出張報告を読むのが楽しみな一方、「この人は何を考えてこんなレポートをみんなに回覧するのだろう」と思っていた。

ある時、江川が越智に話しかけてきたことがあった。「君はどういう仕事をしているの？これからどうしたいの？」と聞かれ、「海外営業部にいるのですから、機会があれば、海外での仕事がしてみたい」と答えた。その時はそれで終わったが、しばらくして越智は上司に呼ばれ、イギリスへの赴任、しかも現地子会社の社長で赴任するようにと言われたのである。

当時、コニカUKは海外現地法人の中ではそれほど規模の大きい所帯ではなかったが、社長での赴任には驚いたという。今後の海外事業展開を考える中で、若い人材の起用が江川の頭にあったのではないか、これも風土改革の一環だったのではないかと越智は考えている。実際、越智の後にも同年代の者が続々と海外のキーポジションに赴任していた。

江川は送り出すだけではなく、その後の面倒もよく見た。越智の赴任後、一、二週間してイギリスにやってくると、知り合いの会計士を紹介してくれた。会社の会計士として雇えという意味ではなく、何か困ったことがあったときに相談に行けばよいということであった。実際、コニカUKにおいてリストラをする必要に迫られたときなど、その会計士のアドバイスを聞きに行ったことも二度や三度ではなかった。

江川は折に触れてイギリスに出張でやってきた。空港に迎えに行くと、いつも飛行機から一番に降りて来る。「飛行機に長く乗っている必要なし」と言っていた。また、「大きな荷物は邪魔。勝負するとき、最後は自分の頭に入っているものだけでする。資料などいくら持っていても頭に入っていないとだめ」と言い、海外出張でも荷物は手に持てるだけ。チェックインする荷物はなかった。

出張にやってきたときも、具体的な仕事の話はほとんどなかった。越智がフィルムやカメラの売り上げを報告しても、そのような時間はほんの数分で、あとは江川が事業展開するにあたっての心構え、イギリス人と日本人の考え方の違いなどをずっと話していたという。顧客へのアプローチは、文化的な話題から入っていた。日本の古い地図を土産に渡していたこともある。越智が赴任から数年経って、自分で運転し、地元のタクシーが通るような抜け道を通っていったとき、江川から「道も覚えて大したもんだ」と褒められた。「駐在員は、現地との密着度合いでその気合がわかる」と言われたのを覚えている。

最後に、今回の取材で、越智から見て江川とはどういう人物か聞くと、「常に母国（日本）の立ち位置を考えている世界人」であり、「歴史を尊重し、歴史から学びながら、鋭く未来を見つめている人」だと語ってくれた。

6. 経営の根幹

当時、コニカで江川の直属の部下として、写真感材や機材の輸出とマーケティング、また子会社の管理を担当していた坂本哲にも取材をすることができた。江川との特筆すべきエピソードについて聞くと、坂本も出張報告書について言及した。

「江川取締役の出張後は、必ず直筆の報告書が回覧されました。内容はその時期の世界情勢、経済、社会などについてでした。言葉、比喩が難解でしたが、非常に興味深く、私は原稿をコンピュータにインプットし今だに時々読み返してマネジメントの参考にしています」

坂本は後にコナミに移り、オーストラリア現地法人コナミ・オーストラリアやアメリカ現地法人コナミ・ゲーミングの会長等を歴任するが、そこでも江川から教えられた情報・知識が大変役に立ったという。

そして次のようにも語る。

「会社経営には、経営とその管理の二面性がありますが、世に出てくる情報は主に管理に関するもので、本来の経営に関する物は皆無です。しかし、江川さんの書籍、講演、コメントは経営という事業の根幹にかかわる内容で、経営に携わる者にとって非常に貴重な情報を得ることができます。管理だけがマネジメントと思う方々にはなかなか理解できないようでしたが、事業の前線で経営に携わった者にとっては、大変有り難く有意義な情報です」

このように、江川の存在は内外に強い印象を残し、影響を与えたことがうかがえる。

江川は一九九三年にコニカの常務取締役に就任し、その後、一九九八年に同社を退職した。約一二年にわたって籍を置き、業種は違っても、ミネベア時代と同じように世界を飛び回り、事業の国際的展開をリードしたのである。

第4章

江川国際研究所

コニカを退職したのと同じ年、江川は江川国際研究所を設立し、自身の拠点とした。本章では、研究所時代、あるいはそれ以前から続けていた様々な活動について紹介していきたい。とはいえ、多岐にわたる長年の蓄積を全て網羅するのは不可能なので、いくつかにテーマを絞ってとりあげていく。

1．出版

江川はこれまで、数多くの著作を出版してきた。代表的なものだけを挙げても、『トップの度量』（一九九四年、ダイヤモンド社）、『人生は気分　ビジネスはドラマ』（一九九七年、ダイヤモンド社）、『上に立つ者の条件——強いリーダーはこうして作られる』（二〇〇一年、ダイヤモンド社）、『文武とチャーチル——日英文化の架け橋となりて』（二〇〇八年、清流出版）などがある。『上に立つ者の条件』は、*The Criteria For Those Who Reach The Top* として英訳され、アジア太平洋最大の学術出版社ＩＳＥＡＳパブリッシングから出版されている（ＩＳＥＡＳについては後述）。ちなみに英訳を担当したのは娘の亜子である。

右に挙げた著書のほとんどで編集を担当した、元ダイヤモンド社編集者の佐藤徹郎に話を聞いた。佐藤が江川と知り合ったのは、学生時代から親しかった出版仲間の紹介がきっかけだったという。初めて江川の自宅に訪問した際、帯鉤のコレクション（後述）を見せてもらって非常に感銘を受けたと振り返る。

「江川さんは非常に創造的な方です。企業家というのはどうしても保守になっていくことが多いんですけど、全然そうじゃないですね。一方で、古典を愛し、日本の文化を大切にされている」

佐藤が江川と出会ってすぐ、最初の本『トップの度量』を出版することになった。江川は普段から文章を書いていたし、送られてきた原稿は「読んでいると切りがなく面白い」ものであったため、「すぐに出版できるな」と考えたのだ。ただ、バラバラなテーマで書かれていたため、構成などについては検討して編集した。

出版に向けた江川とのやり取りについて聞いてみると、「こだわりがある方なので、表現の一つ一つを相当吟味しますよね」とのことである。佐藤はそれまでにも編集者として多くの作家と付き合ってきており、作家たちの文章へのこだわりは身に染みて理解していた。例えば、原稿を読んで佐藤が「少しこの表現はおかしいのではないか」と指摘すると、相手は理由があってその表現にしているので、論争になる。そしてその論争自体が楽しかったのだが、そうした作家が持っている表現のこだわりを江川もまた持っていた。

多くのビジネス書、特に経営者が自分の本をつくる際には、ライターが話を聞いて原稿にまとめたものを本人が確認し、出版するケースが多い。しかし江川は、自分の立論の根拠に責任を取る、という姿勢であり、それがまるで文学者のようであったのだという。佐藤は次のように語る。

五味川純平とか司馬遼太郎とか、そういう方たちともずいぶん議論したことがあるんですけど、そのときの感覚と江川さんと話しているときの感覚は似ているんですよね。一方で、大企業の経営者とお会いするときは、広報担当者が同席することが多く、経営者の方に聞いているのに、広報の人が横から「それはこういう意味でしてね」ってわざわざ言うんですよ。そうした広報誌に載っているような原稿は、読者の心に響くことは少ないですよね。江川さんは全く違って、人と人との付き合いから仕事が生まれる、そんな感じでした。

江川が企業家というよりも文学者に近いというのは興味深い指摘である。文章を書くという点においても、江川は一般的な実業家とは全く違った姿勢・視野を持っていたことがわかる。このことは、江川という人物を理解するうえで着目してよい点である。

2. TOKYO FM

二〇〇一年八月からは、TOKYO FMで番組を持ち、パーソナリティも務めていた。番組名は「江川淑夫のリーダーズアイ」。様々な国際問題、社会問題についての「歯に衣着せぬ語り口」が人気を博した番組である。

この企画は、当時株式会社エフエム東京の取締役で、東海大学学長や日本衛星放送取締役、札幌コンサートホールKitara館長などを歴任した松前紀男の推薦で実現したものである。松前は、「今までのFMのパターン化した雰囲気を変えていくために」依頼をしたのだった（松前から江川に宛てた手紙より）。

実際、この番組の性格は同局の中では珍しかったようで、当時の新聞各紙でも注目されている。日本経済新聞は同番組について、「次世代を担う中間管理職や若手ビジネスマンをターゲットにした番組で、若者向け音楽番組が主流となっているFM放送では異色の存在だ」と述べ（二〇〇一年九月六日夕刊）、読売新聞でも、「ミネベアやコニカの役員を経て、現在、国際研究所を主宰する江川が、これまで身に着けてきた国際ビジネスの知識や異文化コミュニケーションの技術を伝授する」番組として特筆した。同記事には江川のコメントも掲載されていて、そこには「小手先の知識に依存せず、どん欲に情報収集に取り組まないと駄目。例えば、海外に赴任した時は、そこの最高のレストランや劇場に行くなど、すぐには役立たない知識が必要になる」とある（二〇〇一年八月一六日夕刊）。これらはまさに江川がミネベアやコニカ時代から一貫して部下に教えてきたことである。

番組で聞き手を務めていたのは、TOKYO FMのアナウンサーだった柴田玲である。現在はフリーアナウンサーとして活動中のほか、「ランニングを通して毎日を豊かにする」ための情報発信やイベント開催などを手がける一般社団法人ランガールの理事も務めている。

番組の構成は、毎回、一つのテーマに関して柴田が質問をはさみながら、江川が持論を展開していくものだった。収録前には、テーマに関して江川が書いた原稿が何枚も渡され、ディレクターがそれをもとに全体の流れを考えていった。

番組も異色だったが、江川の存在自体が異色だった。いつも清潔感のあるスーツやハットに身を包んで、神田の書店の袋などを下げて現れる江川は、局内で異彩を放っていた。普段の収録では「サッとしゃべって無駄なことをせずサッと帰って」いったが、時にはスタッフたちを食事に連れて行くこともあった。二〇代から三〇代前半の若手スタッフたちを決して軽んじることなく大人として接し、人生相談に乗ってもらったこともあったと柴田は語る。

放送の内容はどのようなものだったのだろうか。ここに毎週のテーマが記録された資料がある。それによると幅広い話題が取り上げられており、「雇用」「米国テロ」「狂牛病」「国際化」「デフレ」「構造改革」といった硬派なものから、「趣味」「成人式」「バランス感覚」「忘年会」「出会い」といったような日常的な話題まで多種多様である。

全体を振り返って柴田は次のように回顧する。

とにかく江川さんは、「みんな日本というすごく狭い中で物事を見ている」、というお考えを持っていらしたように感じます。常に笑みやユーモアを絶やさなかった江川さんですが、狭い中で生まれる発言や行動、それから権力にしがみついているような行動に対しては一番言葉が鋭くなりました。「小さいムラのなかで」というフレーズを頻繁に耳にした記憶がありますが、小さいエリアでしか物を考えられないことがいかに悲しいことか、人生をつまらなくしているか、地位とか名誉とか権力がいかにちっぽけなものか、ということをおっしゃっていました。わりと鋭い言葉でおっしゃるので、たぶんディレクターはその言葉をカットしたりするのが大変だったと思います（笑）。

若手のスタッフたちは、会社という組織の中で窮屈な思いをすることもないわけではなかったので、江川の話を聞いていく先に窓が開けるような、そんな気持ちにもなったという。

また、柴田が一番学んだことは、「一つの、オモテに見えていることだけが真実ではない、ということ」だった。ある言葉やある具体的なエピソードから学んだというよりも、「普通に見えている出来事に、どれだけの人がそこに携わって、どれだけの人の思惑が裏にうごめいているのか、そのほんの表面だけが見えている」ということを、江川と仕事をした数年間で学んだ。「とにかく多角的な視点。目の前に起きていることをそのまま受け取るなということを毎週叩き込まれたような気がします」と話す。

だからこそ、例えば「忘年会」というテーマ一つとってみても、思わぬところに話がいき、江川ならではの視点にいつも驚かされたのであった。こうした何十年にもわたる国際ビジネスの経験と知識から生まれた言葉の数々は、リスナーに対しても新たな知見や発想をもたらしたであろうことは想像に難くない。

3. 帯鉤

次に、江川の美術品や歴史資料のコレクションについて紹介したい。これまでの本書の記述からも分かるように、江川はアンティークの熱心なコレクターである。膨大な量と種類のモノを収集し、またそれらのコレクションから得られた知識が、人間関係や仕事にも生かされてきた。そして何よりも、コレクションを楽しんできた。

江川のコレクションの中でもとりわけ目を引くものは、「帯鉤」である。江川は世界的な帯鉤のコレクターとして有名である。帯鉤とは、中国の春秋戦国時代から漢代にかけて流行した革帯（ベルト）を留めるための服飾具で、今風に言えばベルトのバックルである。青銅製が主であるが、鉄、金、銀、玉、骨、ガラス、貝などでもつくられ、大きさや形状も様々だ。起源は諸説あり、中でも有力なのは紀元前七世紀ごろ、黒海北岸に勢力を誇った騎馬民族、スキタイの文化に由来するという説である。そしてユーラシア大陸の北の草原ルートを経て、紀元前六世紀ごろ中国にもたらされた。

江川が子供のころから美しいものが好きだったことは前にも述べたが、骨董を趣味にしていた母方の祖父の影響もあった。大学生の頃、ふとしたきっかけで帯鉤を知り、その魅力に引き込まれた。本格的な蒐集は海外生活を始めた一九六五年以降のことである。江川が欧米のビジネスマンたちと付き合っていた際、彼らはいったん仕事から離れると、歴史や古典の素養がどれだけあるかを基準にしてものを語る。付き合いを深め、信頼を得るには自分の得意分野が必要だった。その意味で、古代からの東西交流の証である帯鉤はうってつけだったのだ。欧米では中国の美術工芸品の一つとして、外交官や宣教師、技師らが持ち帰った帯鉤が一八〇〇年代から珍重されていた。ニューヨーク、ロンドン、ロサンゼルスなど、赴任した海外の諸都市には帯鉤を扱う骨董店が多くあり、なじみの店がいくつもできた。

一九九五年には、銀座ミキモトのミキモトホールで江川のコレクションの特別展（「中国古代の装飾品　帯鉤と青銅動物展」）が開催され、三笠宮夫妻をはじめ各国大使、国内外の研究者が訪れるなど話題となった。

江川のコレクションについては、二〇〇一年に結婚四〇年を記念し、古代中国の装飾品二六二点（うち帯鉤が一八六点）を大阪府の和泉市久保惣記念美術館に寄贈したことでも注目を集めた。二〇一六年にも、美術品をさらに五〇〇点寄贈している。二〇〇一年の寄贈の際に作られたカタログ『江川コレクション　帯鉤と中国古代青銅器』に、「寄贈のことば」として江川の考えが記されている。そこでは次のように述べられている。

収集とは自己の主観にもとづいて行われる、新たな価値の創造ではないでしょうか。個人の興味の積み重ねで成り立った一つのコレクションはその人の個性や生き様を如実に浮かび上がらせる、いわば一個の作品といってもいいのかもしれません。私たちの共通した価値観があってこそ集めることのできたこのコレクションは、二人の人生における思想、経験、趣味が形として表れたものといえます。その一方で、古美術品は古人の知恵と経験から生み出され、現在に引き継がれてきた他にかえがたい文化財であることは言うまでもありません。収集者はあくまで過去と未来の時間の中で、作品を借用しているにすぎないということがいえます。

確かにここで述べられているように、一つ一つの古美術品単体の価値や性格と、それらがある方針や思想のもとで蒐集され集合体となったときに持つ価値や性格とは、異なるであろう。そしてそれは、蒐集者の価値観の表現であると言える。妻・英子も古物が好きで、二人で休日に骨董屋や古道具屋、古書店を歩き回ってはいろいろなものを見つけてコレクションしていたというから、まさに「私たちの共通した価値観があってこそ」だった。

また、「収集者はあくまで作品を借用しているにすぎない」という思想は、私自身、江川から直接聞いたことがある。「収集は一時期・短期間の預かり・保管」であり、「次の受け手にリレーすることがコレクターの義務でありマナー」だと述べる。

本書の取材では、帯鉤の寄贈先である久保惣記念美術館で橋詰文之副館長に話を聞くことができた。ちょうど江川のコレクションを含む常設展「かがやく金銀細工―日本・中国の装身具―」の期間と重なり、江川が寄贈した美術品の数々を見ることができた。

和泉市久保惣記念美術館は、一九八二年に開館した和泉市立の美術館である。日本と中国の絵画、書、工芸品など東洋古美術を中心に国内外から高い評価を得ている。モネ、ルノワール、ゴッホなどの西洋美術作品も所蔵しており、私が訪問した際にもそれらの絵画が展示されていた。

久保惣（久保惣株式会社）は、明治時代から約一〇〇年にわたり綿業を営んでいた企業である。一九七七年の廃業を機に、地元和泉市の文化発展の為に美術品や建物と、敷地、基金を市へ寄付し、同館が設立された。訪れると、まずその落ち着いた品のある佇まいに圧倒される。建物自体が芸術作品であった。

橋詰副館長からは、江川コレクション寄贈の際のやりとりや、美術品における帯鉤というアイテムの位置づけ、歴史などについて話を聞いた。また、実際に展示されている帯鉤やその他の美術品を、解説付きで鑑賞できたのはなんとも贅沢な経験である。現物を見ると、カタログを見たときには気が付かなかった一つ一つの精緻な細工に目を奪われる。「帯を留める」という小さなアイテムに、ここまでの芸術と人間のエネルギーが凝縮されている。それは頭では理解でききも、事前には全く想像できないものであった。効率と生産性が至上価値とされる資本主義社会において、江川は日々、生き馬の目を抜くビジネスの最先端に身を置きながら、暮らしの中でこうした美術品を蒐集し楽しんでいたのである。

4. 寄贈

帯鉤以外にも江川が蒐集していたものは数多くあり、関連機関に寄贈したものだけでも以下がある。

【一九八五年、二〇一〇年】
ステンドグラス（一六～一八世紀）と関連書籍・資料（明治学院大学）

【二〇〇一年、二〇〇四年】
古代中国の帯鉤と青銅器、関連書籍・資料（大阪府和泉市久保惣記念美術館）

【二〇〇六年】
三宅克己の水彩画と図書資料（徳島県立近代美術館）

【二〇〇七年】
欧州古陶磁器（一八世紀）と関連書籍・資料（シンガポール国立アジア文明博物館）

【二〇〇九年】
ＧＨＱ占領時代に関わる書籍・資料（明治学院大学）

【二〇一〇年】
アジア関係の書籍・資料（一八～二〇世紀）（シンガポールＩＳＥＡＳ図書館）

【二〇一〇年】
報道・放送関係の原稿・録画・録音データ八年分（明治学院大学）

【二〇一二年】
航空機に関わる書籍・資料等（シンガポール国立図書館）

【二〇一三年】
古典カメラ、明治期の古写真、関連書籍・資料（日本カメラ博物館）

【二〇一六～二〇一八年】
日本を中心とする書簡、書籍、古写真等（シンガポールＩＳＥＡＳ図書館）

これらのうち、母校の明治学院大学に寄贈したものを下記に紹介しよう。まずステンドグラスである。ステンドグラスは古代や初期中世の記録を除けば、一二世紀フランスのサン・ドニ修道院教会とシャルトル大聖堂に始まり、その後、一三世紀を頂点として長い歴史を持つ芸術である。キリスト教とも深いつながりがあり、明治学院は寄贈先として最適であったと言える。ヨーロッパではステンドグラスに関する研究蓄積もあるが、日本では文献蒐集の段階で非常な困難がある。

江川は、幼いころから光という自然現象、光彩・光線の美しさには特に心惹かれていた。社会人になってから暮らしたヨーロッパでは、古い建築物、城館、教会堂、大邸宅、美術館等で多くのステンドグラスの現物に接し、さらに研究熱を高めた。イギリスでは建築家クリストファー・レン、詩人のウィリアム・モリス、美術評論家ジョン・ラスキンらの作品と運動を研究し、さらに、イギリスの学術的な研究機関であるマスターガラス画家協会(BSMGP：British Society of Master Glass-Painters)のメンバー(一般会員)にまでなったというから驚きである。こうした研究・蒐集活動を通じて、ロンドン、チューリッヒ、アムステルダム、ロサンゼルス等の学識・経験に富む専門業者と関係を築くことができたのだった。

また、明治学院にはＧＨＱ占領期の資料約五八〇〇点を寄贈している。ＧＨＱ占領下に日本で出版された物が広く集められており、中には検閲によって市場に出回らなかった刊行物もある。雑誌や映画パンフレット、GHQや日本政府ほか各種組織の内部文書、ビラ、地図などの他、配給券や復興宝くじなどの実物資料もあって興味深い。現在、学内外の研究者によって資料調査が進められている。

5．蒐集

江川のコレクターとしての側面をよく知る人物は、今回取材できた中ではそれほど多くない。そのうちの一人は、安土堂書店の店主、八木正自である。八木は東京都古書籍商業協同組合副理事長、全国古書籍商組合連合会専務理事、日本古書籍商協会会長などを歴任し、テレビ番組「開運！なんでも鑑定団」で鑑定士を務めていることでも有名である。

八木は、かねてより古書籍商として日本と海外との交流史文献を扱っており、江川とは四〇年ほどの付き合いがある。江川に日本関係の洋書を売ったり、あるいは江川が手放すと決めた書籍の販売を請け負ったりしてきた。

前述の通り、江川はコレクションをある程度集め終わると、それを寄贈したり売ったりして順次整理していくのだが、東西交流の本は最後まで大事にしていて、特に気に入った一〇冊ほどは手元に残していた。しかしそれもしばらくすると、「全部片づけたいからあなたに売るのを任せる」と言って八木に依頼したという。江川から預かった本で、今も手元にあるものがあるといって、インタヴュー中に持ってきてくれた。それは、天正遣欧少年使節がローマまで行き、法王グレゴリオ一三世に謁見した際の速報であった。一五八五年に謁見した直後、何篇か出版された速報の一つだという。江川はこういう本をよく持っていたそうだ。

プロから見て、江川の「目利き」はいかなるものなのだろうか。八木に聞いてみると次のような答えだった。

やっぱり素晴らしいですよね。洋書ばかりではなく、日本の古典籍、江戸前期手描きの奈良絵本というのがあるんですけど、中世の御伽草子に絵を入れたようなものですね。江川さんは日本のそういう古いものを海外で見つけて持っていました。それから三十六歌仙の、絵と詠み人の歌が書いてあるのが帖仕立てになっている江戸前期のもの、有名な絵師による本もありました。日本の古典籍を専門的に勉強していたわけではないのに、勘が鋭かったですね。

また、江川はエンタイヤも集めていた。エンタイヤとは、封筒や葉書に貼られた状態の使用済み切手、または切手が貼られた封筒や葉書そのもののことである。そうした切手を集める趣味の人たちがいる。しかし、江川はその切手ではなく、そこで流通しているものの中で、著名人の葉書や手紙を蒐集し、むしろその内容の方に着目していた。江川が入手した中には、今も存命のため表には出せないような世界的著名人の手紙もあった。八木は「そういう、われわれではカバーできないほどの範囲の広さのものを、鋭い感覚で集めていました」と語る。

ちなみに、八木は「あと琥珀ですね。海外で、どこから集めて来るのか。その中に古代の虫が入っているんでんすよね。ずいぶん集めていましたね」と、古書以外にも江川が蒐集していたアイテムについて付け加えた。数千万年から数億年前の樹木の樹脂が化石化したもので、古代ヨーロッパでは同じ大きさの金と交換されるほど珍重されていた。ヨーロッパからアジアにわたる琥珀の産地と取引先とを繋ぐ交易路は「琥珀の道（Amber Road）」と呼ばれる。日本では岩手県久慈市近辺が産地として有名である。江川は、久慈琥珀博物館とも琥珀研究をめぐってやり取りをし、資料の一部を寄贈していたほどである。しかし、琥珀についてはまた別の機会に語ることにしよう。

江川の美術品や古書に対する姿勢を「ユダヤ人的」だと評するのは、国際弁護士で著述家の石角完爾である。自身もユダヤ教に改宗した「日系ユダヤ人」として著名で、ユダヤ人に関する著作も多数ある。実家が石角扇商店という日本で最も古い扇屋で、扇が大英博物館に収蔵されており、美術品に造詣が深い。江川とは美術品や古文書の蒐集を共通項として約四〇年の付き合いがあり、ロンドンやニューヨークなどの美術商や古書店を江川に紹介してもらったこともあるという。あるニューヨークのユダヤ人美術商では、江川の紹介だからということで、普通では見せないものを見せてもらったこともあるそうだ。

石角は江川について、「僕にとっては実業家というよりも蒐集家として相当な人。美術品を見分ける目は相当なものだと思う」と評した。業者ですら価値が分かっていないものを、江川が知っているということもあった。そして、「靴の底をすり減らしてロンドンの古美術商を回っていたのは間違いない。そうでなきゃあれだけの人脈と知識を持っているわけがない」と、江川の美術品や古書を集める姿勢について教えてくれた。そういったところがまさに「ユダヤ人的」なのだという。

今にして思えば、ユダヤ人じゃないのに、ユダヤ人的な行動をしてましたね。ユダヤ人というのは、全員が美術品の蒐集にかけては大変な能力を持った人たちの集団ですから。オラクルの創業者ラリー・エリソンもユダヤ人ですが、彼の日本美術のコレクションはアメリカでも一、二を競うほどです。そういう意味で、江川さんはユダヤ人的な美術品への確かな目を持った蒐集家ですね。ロンドンやニューヨーク、ウィーンなどに足繁く通って、自分の目で集めてきたというのは、後にも先にも江川さんだけじゃないですか。

美術品を集める日本人実業家は他にもいるが、多くは「こんないいものがありますよ」と他人から言われて買うケースが多いのではないか。それらは、自分の足と目でよいものを見つけるユダヤ人とは全く異なるものである。そうした意味で、江川のスタンスは他の日本人には見られない「ユダヤ人的」なものであるという。

石角はクリスティーズやサザビーズなどの世界的オークションハウスのトップらと日本美術や中国美術の鑑定について話したり、実際にオークションに何度も足を運んできたが、その経験を踏まえた上で、「もし、江川コレクションをオークションに出したら、ものすごい値段がつくんじゃないかな。それを美術館に寄贈するんだから、それは彼の一つの生きざまだよね」と語る。

美術品や古書の売買に詳しい人物から見ても、江川のコレクションはその内容だけでなく、蒐集の姿勢、その後の寄贈という行為も含めて、並外れたものであったことがわかる。

6. ISEAS江川コレクション

江川とシンガポールとは非常に深い関係がある。コレクションの多くもシンガポールの諸機関に寄贈している。国立アジア文明博物館には一八世紀の欧州古陶磁器と関連資料を、ISEAS図書館にはアジア関係の書籍・資料等を、そして国立図書館には航空機に関わる書籍・資料等を寄贈した。

第二章でも言及したように、シンガポールとの関わりは、一九六〇年代にミネベアがシンガポール工場の建設を企図したころから始まった。当時、国づくりを進めていたシンガポールは非常に協力的で、好条件で広い土地を二〇年間賃料なしで使うことができたのである。土地を工場用地に転化するには膨大な土木工事が必要で苦労もあったが、稼働を始めると従業員は一万人規模となり、その頃としてはかなり大きなオペレーションとなった。コニカ時代にもシンガポールとの関りが深かったことは第三章で述べた通りである。

だからこそ、コレクションを寄贈する際にシンガポールを優先的に考えたのは自然の成り行きだった。二〇一七年にISEASへの寄贈品カタログが刊行された際には、「私の気持ちの中ではシンガポールはもはやよその国ということではないのです」とした上で、「シンガポールの学生、研究者、政府の方、非常に熱心に研究、勉強されます。ということも含めて、私のささやかな寄贈が大いに活用していただけるのではないかということも私の動機の一つにあります」と述べている。

それだけ深くシンガポールと関わってきたこともあって、人脈も幅広い。そのあたりをよく知るのは、二〇〇七年から二〇一〇年まで駐シンガポール大使を務めた山中誠である。山中が江川と出会ったのも、大使在任中のシンガポールであった。「トミー・コーさんがある日ランチに誘ってくれて、「紹介したい人がいる」と言って紹介してくれたのが江川さんだったんですよ」という。トミー・コーは、シンガポールの国連大使や駐米大使、各種国際会議の議長などを歴任したシンガポール外交界の重鎮である。一九九〇年よりシンガポール無任所大使も務め、対外交渉を取りしきっている。

山中はその時のことについて、「とても印象深かったのは、江川さんは日本で功成り名を遂げたビジネスマンだったわけですが、話の中で、当初はあまりビジネス、経済の話はなくて、中国の帯鉤の話とか、日本の近代史の話とか、非常にインテレクチュアルな話で盛り上がったことです。ビジネスマンの方が本当にいろんなことを知っているな、と思ったのが最初の出会いでした」と語る。

それまで山中がシンガポールで出会ったビジネスマンは、「私はシンガポールでこういうビジネスをやりました」とか「こういう成果をあげました」という話をするのが通常だったため、文化と歴史の幅広い素養を持つ江川のことを「非常に稀有な人だな」と思ったのだった。また、山中が江川といろいろ話をしていくと、トミー・コーのみならず、当時外務大臣を務めていたジョージ・ヨーなど、幅広い人脈があることが分かった。山中が後にヨーと話した際、ヨーは「江川さんってのはすごい人だね」と言っていたという。

江川とジョージ・ヨーとは、一九九〇年代初めにアジア・オーストラリア・インスティテュートの会員としてそこで出会い、以来、親交を深めている。ヨーは自身の著書 *GEORGE YEO : on Bonsai, Banyan and the Tao* の中でも江川との写真を掲載し、「my old mentor 'Toshio Egawa'」と紹介している。また前記の寄贈品カタログの中でヨーは、彼が二〇一一年の選挙で落選し政界を去った際に、江川が近衛文麿の書いた古い巻物を送ってくれたエピソードを紹介している。そこには、「青松終古春」（青々と繁る松はいつまでも若々しく春のようである）と書かれており、その言葉がヨーの心を癒した。こうしたことからも、江川とシンガポールとの繋がりの深さがわかる。それは、人と人との繋がりである。

ＩＳＥＡＳに寄贈された江川コレクションの中身についても見ていこう。ＩＳＥＡＳ（Institute of Southeast Asian Studies：東南アジア研究所）は、一九六八年に法律に基づいて設立されたシンガポールの政府系シンクタンクである。二〇一五年には初代大統領の名前にちなんで、ＩＳＥＡＳユソフ・イシャク研究所に改名した。現在に至るまで、政治社会学、安全保障、経済動向など、東南アジアの社会科学研究分野で中心的役割を果たしている。江川はＩＳＥＡＳと深いつながりがあり、二〇一〇年にアジア関係の資料を寄贈した後、二〇一六年から二〇一八年にも四回にわたって書簡、書籍、古写真等を贈っている。ＩＳＥＡＳ図書館ではこれらの資料の価値を認識し、精密なカタログを制作するとともに、シンポジウムや研究会を開催し、アジア現代史の研究に生かしている。

カタログ編集を担当した元明治学院大学客員教授の中島耕二によれば、内容は多岐にわたり、それぞれの分野で資料的価値が認められるが、中でも最も充実しているのは、幕末期から明治期にかけての皇族、旧公卿階級およびその周辺に属する人々の個人史料だという。そこには、明治維新は皇室、皇族、公卿層の強い政治的リーダーシップのもとに成し遂げられたとする江川の歴史観が反映されていて、コレクションの一大特徴となっている。明治新政府の指導層は、薩長土肥の中級・下級武士が中心となったが、皇族や旧公卿、女官および旧諸侯らも彼らに劣らず政治に関与した。これらの人々の多くは、元薩摩藩士の高崎正風《まさかぜ》が所長を務める御歌所《おうたどころ》（天皇・皇族の御歌や御歌会に関する事務を扱った宮内省の部局）に結集し、一定の政治的影響力を持っていたのである。

また、コレクションの中には書簡・葉書も数多くあり、それらは発信者の出自からしても日本近代史において貴重な史料となるものであった。この中には、カタログ作成チームの一員だった藤田英昭の勤務先、徳川林政史研究所の設立者である徳川義親の直筆の新史料が発見され、「いささか興奮の事態」となったそうだ。このように、ＩＳＥＡＳには貴重な資料の数々が寄贈され、江川コレクションとしてまとまった形で収蔵・整理されているのである。

現在は、江川コレクションを使った調査・研究をさらに推進すべく、プロジェクトが進行中である。日本とシンガポール、さらにはアジア史全体をめぐって、新たな知見をもたらすことが期待されている。

1958 年、明治学院大学 4 年生、PANA 通信社の記者をしていた頃。

1980 年、シンガポールにて。ミネベアの高橋高見社長と。

2001年、和泉市久保惣記念美術館へのコレクション受贈記念特別展の際に英子夫人と。

2010年、シンガポールのアジア文明博物館での寄贈式典。ジョージ・ヨー外務大臣（当時）と。

取材協力者

有泉峽夫（建築家、タスク研究所代表）
有若仁（元三菱商事専務）
石角完爾（国際弁護士、千代田国際経営法律事務所代表）
大場正行（元日本通運社員、トライ・インターナショナル・フィリピン社長）
越智一彦（元コニカUK社長、元コニカミノルタヨーロッパ社長）
北沢文秋（元ミネベア社員、精密機械部品製造会社役員）
木村凱昭（元アメリカ現地法人コニカテクノロジー・インク（KTI）社長、株式会社BLUEDOT相談役）
車勤（経営者、哲学者）
齋藤知久（元コニカ・シンガポール社長、日本BS放送株式会社 代表取締役会長兼CEO）
坂本哲（元コニカ社員、元コナミ・ゲーミング会長）
佐藤徹郎（元ダイヤモンド社編集者）
柴田玲（フリーアナウンサー）
霜雄一郎（株式会社ジャスティス 代表取締役）
陶山義雄（東洋英和女学院大学名誉教授）
谷澤和彦（株式会社谷沢製作所 代表取締役社長）

中島耕二（元明治学院大学客員教授、ＩＳＥＡＳ在外研究員）
西光雄（元日本電子機械工業会 部品部長）
根本喬（ミズホ株式会社 取締役会長）
橋詰文之（和泉市久保惣記念美術館 副館長）
堀資永（株式会社三祐インターナショナルネットワーク 代表取締役）
前島智征（オルバヘルスケアホールディングス株式会社 名誉会長）
宮澤敏夫（富士山静岡交響楽団 専務理事）
宮本二郎（元ミネベア社員、企業アドバイザー）
矢川乃梨子（ＮＰＯ法人日本家族問題相談連盟認定カウンセラー）
八木正自（有限会社安土堂書店 代表取締役）
山﨑博通（株式会社心体科学研究所 代表取締役）
山中誠（元駐シンガポール特命全権大使）
山中雅義（元ミネベア北南米地域総支配人、ミズホ株式会社国際本部顧問）
吉田知子（東京堂出版編集者）

参考文献

岩間優希『ＰＡＮＡ通信社と戦後日本』、人文書院、二〇一七年

上竹瑞夫『一〇年先を駆け抜けた男』、徳間書店、一九八九年
江川淑夫『一六～一九世紀のステンド・グラス』、彩流社、二〇一三年
江川淑夫『上に立つ者の条件　強いリーダーはこうして作られる』、ダイヤモンド社、二〇〇一年
江川淑夫「古代の装身具　悠久の輝き」『日本経済新聞』、二〇〇〇年九月二五日朝刊
江川淑夫「白金の丘」、明治学院高等学校一五〇周年委員会『明治学院とわたし』、明治学院高等学校、二〇一三年
江川淑夫『文武とチャーチル』、清流出版、二〇〇八年
神立尚紀『図解・カメラの歴史』、講談社、二〇一二年
車勤『江川淑夫　事業と人生の流儀』、東京堂出版、二〇一四年
経済界「ポケット社史」編集委員会『コニカ　画像情報で明日を創造する』、経済界、一九九二年
小西六写真工業株式会社社史編纂室『写真とともに一〇〇年』、小西六写真工業、一九七三年
高橋高見、佐藤正忠『高橋高見　われ闘えり』、経済界、一九八九年
中島耕二「ISEAS所蔵江川淑夫コレクション」『シンガポール』（二八七号）、日本シンガポール協会、二〇二一年
明治学院百五十年史編集委員会『明治学院百五十年史』、明治学院、二〇一三年
『江川コレクション　帯鉤と中国古代青銅器』、和泉市久保惣記念美術館、二〇〇一年

『江川淑夫氏寄贈「ＧＨＱ占領期資料（仮）」受贈目録』、明治学院大学図書館、二〇一二年
『ミネベア株式会社六〇年史』
Toshio, Egawa, Ilkka Laukkonen. *Life as Art, Art as Life: Confucius, samurai and the Renaissance man,* 2011
Toshio, Egawa, Ilkka Laukkonen. *Life as Art, Art as Life: Confucius, samurai and the Renaissance man,* Vol.2, 2012
Toshio Egawa Collection in the ISEAS Library, Singapore Volume 1, ISEAS Library, 2019
Toshio Egawa Collection in the ISEAS Library, Singapore Volume 2, ISEAS Library, 2019

あとがき

　ある日、私が所属している大学に一通の手紙が届いた。拙著『PANA通信社と戦後日本』（人文書院、二〇一七年）を読んで、お便りくださったのだという。そこには、かつて大学生時代にPANA通信社の夜間シフトで仕事をしていたことがあり、大変懐かしく、面白く読んだと書かれていた。差出人の名前は「江川淑夫」とある。インターネットでその名前を検索してみると、著作があるようで、プロフィール欄からミネベアやコニカの取締役を務められた実業家の方であることが分かった。

　私は『PANA通信社と戦後日本』執筆時の調査では数十人の元PANAスタッフに取材をしたが、その頃、江川さんのことは存じ上げなかった。夜間シフトであったことと、その後は全く異なる業界で活躍したため、PANAとの付き合いが皆無になったのだろう。手紙には、PANAについて情報提供するので、よければ会いましょうとも書いてあった。

　それからほどなくして、東京駅の日本工業倶楽部で初めてお会いした。PANAでの経験や当時のスタッフについて教えていただいたり、貴重な写真を閲覧させていただいたりした。しかしそれは、ほんの序の口に過ぎなかったのである。江川さんは現代史、国際関係、人間、武道、キャリアなど、広範囲にわたる膨大な話をしてくだり、しかもその一つ一つがそれまでの私の認識を大きく超えるものであった。話し始めて、気が付けばあっという間に数時間が経っていた。

最初の会合を終えた後も、親身なお手紙をくださったり、歴史関係の書籍や資料を送ってくださったり、研究やキャリアについてアドバイスをくださったり、様々な人や組織をご紹介くださった。そうするうちに、それまで大学という世界のみに生きてきた私は、全く異なる実業界の仕組みや人間関係、価値体系を知り、自らの視野を大きく広げることができたのであった。しかもそれは、江川さんのような国際ビジネスの第一線でトップとして活躍してきた方に、直接教えていただいてのことである。仮に私がビジネス界で一般的職業人として働いていたとしても、なかなかそうした理解に達することはなかっただろう。そうした意味でも江川さんとの出会いは、普通の社会学者にはあり得ないような僥倖であった。

江川さんは自らを「自由人」と表す。「自由人」というと一般にはフリーランサーが思い浮かべられがちであるが、フリーランスであっても仕事探しに汲々としたり、取引先に頭が上がらなかったりすれば決して「自由」とは言えない。自由とは、労働契約形態ではなく意識の持ち方やと他者との関係性によるものだろう。現代社会で人と関わりながら生きる場合には、他者から必要とされ、応じるかどうかの最終的な選択権を自分が持つ状態こそが自由なのだと、江川さんの生き方から教えられた。

江川さんは著書『上に立つ者の条件』の中で次のように述べている。

ミネベア（株）時代、コニカ（株）時代は、それぞれの企業体の内側に座席を借用して、自由に独立自営している意識であった。企業と状況が求める機能を継続して提供するとの姿勢であった。その期間が、結果として二十年間のミネベアであり、その後の十年余のコニカであった。役職位は企業内の通行手形のようなもので、私自身の本質と直接に関係したものと受け止めたことはなかった。

こうした姿勢こそが、この世界の中で自由な個人として生きるということであろう。そしてその背後では、並々ならぬ研鑽が重ねられているに違いない。

本書は、ぜひ大学生や若いビジネスパーソンにも読んでもらいたい。本書を読むことで、これからの人生をどう生きていくかの考えに必ず資するところがあるはずである。

岩間優希

二〇二三年一月二〇日

Preface

This book is a biography on Toshio Egawa, a highly regarded Japanese entrepreneur. Mr. Egawa worked in the high-precision industry for many years, leading its overseas expansion during Japan's high economic growth period after World War II. He is also well known for his valuable art collection and the donation of his collections to many museums and libraries around the world.

In this book, I have focused on some principal areas of his career at Minebea and at Konica as well as Mr. & Mrs. Egawa's expansive art collection. In conducting my research into Mr. Egawa's life, I referenced many books, articles and letters written about Mr. Egawa and of those which he himself penned. I also had the privilege of interviewing many of his friends and past colleagues to whom I am deeply appreciative of their cooperation.

There are many key points that highlight Mr. Egawa's illustrious life, such as his relation to Budo, Japanese martial arts, and his extensive relationship with both Japanese and international entrepreneurs as well as with many Ambassadors to Japan (Ireland, Finland, Greece, Singapore, Egypt amongst other countries). Such highlights, as well as other topics of importance, characteristic to his life will be covered in my next book as it is my hope to continue to share such valuable insights.

I would like to express my sincere gratitude to Mr. Egawa. The English portion of this book was translated by Mr. Egawa's daughter, Ako, to whom I give thanks.

Table of Contents

Postscript

One day, I received a letter at Chubu University from a gentleman who had read “PANA News Agency and Post-War Japan” (Publisher: Jimbunshoin, 2017). I soon learned that the sender of the letter had worked at PANA News Agency on the night shift and in reading the book, he had found it most memorable and nostalgic. The letter was signed Toshio Egawa. As I had not met Mr. Egawa before, a search on the Internet yielded reference to many books he had authored from which I learned that he was an entrepreneur who had been a Senior Executive and Director at Minebea and Konica.

At the time of writing “PANA News Agency and Post-War Japan”, I had conducted many interviews as part of my research with those who had worked at PANA but I had not come across Mr. Egawa’s name at that time which, in hindsight, was not surprising as he worked on the night shift and his future career led him on a different path. In his letter, he offered to share his insights into PANA.

Soon after, I had the privilege of meeting Mr. Egawa at the Japan Industrial Club near Tokyo Station. He most graciously shared observations of his experience working at PANA as well as provided insight into those with whom he worked. There were also some valuable photographs from his collection which he kindly allowed me to view. However, this was only to be the beginning. The ensuing conversation

with Mr. Egawa was engaging, spanning a range of diverse topics from modern history, international relations, humanity, martial arts, career paths and a myriad of other range of topics all of which far surpassed my knowledge. Thoroughly immersed in the wide-ranging breadth of our conversation, I didn't realize that several hours had elapsed.

After our initial meeting, I received thoughtfully engaging letters which included articles and references related to history as well as advice on my research and career. I was also introduced to many people and organizations that I had previously not had the opportunity to engage with. Until then, my world had been within the academic sphere and suddenly the door was opened to one far different from what I had known; a world which consists of entrepreneurial relations where I would learn about organizational management, the intricacies and fabric of human inter-relations and its value system. All of which was enabled by Mr. Egawa, an international executive entrepreneur.

Even if I had been employed in the business sector, I doubt that my sphere of knowledge would have been broadened to the extent that it has. In this regard, my association with Mr. Egawa has been a rare and fortuitous encounter.

Mr. Egawa describes himself as a Free person. Oftentimes, this term can be misconstrued with a freelancer. But a freelancer who is obliged to seek work, who has a sense of indebted obligation to others cannot be said to be truly free. Freedom is defined by one's independent resolve and relationship with others; it is not based on labour agreements or contracts. In order to be free in modern day society, you must avail yourself as a necessity to others while at the same time being the ultimate decision maker as to what you will provide to others.

An excerpt from his book "The Criteria for Those Who Reach the Top" notes as follows:

"...during my years at Minebea and Konica, I continued to act independently as if I was an individual entrepreneur who was leasing an office within the organization. My posture was to provide functions necessary to the company. That period ended with me having spent twenty years at Minebea and a further ten years at Konica. My executive status was, in my interpretation, an internal pass to function within the company, and had no bearing on the fundamental essence of my being."

And it is through such views that he has lived in this world as a Free person. Undoubtedly, this was a result of constant effort, diligence and endurance.

It is my earnest hope that this book will be read with great interest by university students and entrepreneurs who are starting out in their career. Readers will find that there are many interesting and diverse perspectives to consider on leading one's life.

Yuki IWAMA

著者紹介

岩間優希　IWAMA Yuki

中部大学国際関係学部准教授。専門は社会学、ジャーナリズム研究。第二次大戦後アジアの通信社やヴェトナム戦争報道について研究してきた。著作に『PANA通信社と戦後日本』（人文書院、2017年）、『戦後史再考』（平凡社、2014年）、『文献目録 ベトナム戦争と日本』（人間社、2008年）、などがある。また、オーラルヒストリーの保存にも尽力し、これまで科学者・飯吉厚夫、フランス文学者でヴェトナム反戦運動家の高橋武智、フォトジャーナリストの石川文洋など、数多くの人々にインタヴューをしてきている。

Author

Yuki IWAMA

Associate Professor, Department of International Studies, Chubu University, Aichi Prefecture, Japan. Field of study includes Sociology, Media and Communication Studies and Journalism. Iwama has conducted extensive research on post World War II Asian correspondents and news agencies as well as research into media and broadcast of the Vietnam War. Authorship include "PANA News Agency and Post-War Japan" (Publisher: Jimbunshoin, 2017), "Rethinking Post-War History" (Publisher: Heibonsha, 2014), "Bibliographical Study of the Vietnam War and Japan" (Publisher: Ningensha, 2008). Iwama is also committed to the preservation of oral history and has conducted numerous interviews with renowned physicist Dr. Atsuo Iiyoshi, noted French scholar and anti-Vietnam war activist Taketomo Takahashi and photojournalist Bunyo Ishikawa amongst many others.

世界は舞台　江川淑夫小伝

2023年3月20日　第1刷発行　（定価はカバーに表示してあります）

著　者　　岩間　優希

発行者　　山口　章

発行所　名古屋市中区大須 1-16-29　振替 00880-5-5616 電話 052-218-7808　風媒社

http://www.fubaisha.com/

＊印刷・製本／モリモト印刷　　乱丁本・落丁本はお取り替えいたします。

ISBN978-4-8331-5441-3